Alfred Doren

Iwan Turgenjew an Ludwig Pietsch

Briefe aus den Jahren 1864 -1883

Doren, Alfred

Iwan Turgenjew an Ludwig Pietsch

Briefe aus den Jahren 1864-1883

ISBN: 978-3-86267-547-0

Auflage: 1
Erscheinungsjahr: 2012
Erscheinungsort: Bremen, Deutschland

Europäischer Literaturverlag GmbH, Fahrenheitstr. 1, 28359 Bremen (www.elv-verlag.de).

Bei diesem Titel handelt es sich um den Nachdruck eines historischen, lange vergriffenen Buches aus dem Propyläen Verlag Berlin (1923). Da elektronische Druckvorlagen für diesen Titel nicht existieren, musste auf alte Vorlagen zurückgegriffen werden. Hieraus zwangsläufig resultierende Qualitätsverluste bitten wir zu entschuldigen.

Cover: Ausschnitt aus einer Porträtaufnahme von Turgenjew. Fotograf: Félix Nadar.

IWAN TURGENJEW
AN
LUDWIG PIETSCH

BRIEFE AUS DEN JAHREN

1864 – 1883

HERAUSGEGEBEN VON
ALFRED DOREN

*

MIT ZEICHNUNGEN VON
LUDWIG PIETSCH

BERLIN / IM PROPYLÄEN-VERLAG

VORWORT

Es mag vielleicht als Wagnis erscheinen, heute Iwan Turgenjew auf den Plan zu rufen, die Manen eines Mannes zu beschwören, der mehr als jeder andre für sein von ihm heiß geliebtes Vaterland alles Heil von einem Sichdurchdringen wenn nicht mit der Kultur, so doch mit Kulturelementen des westlichen Europa erwartete; heute, da die Schranken zwischen Europa und Halbasien schärfer als je gezogen sind, da Tolstoi und Dostojewski über Turgenjew auch in der Auffassung dieses westlichen Europa selbst gesiegt haben, da dort, wo man überhaupt an ein Zusammenwachsen der Getrennten glaubt und darauf hofft, in ekstatischer Sehnsucht und in scharfem Gegensatz zu jenen europäisierten Russen der letzten Generation das Licht vom Osten, der Neubau des in Trümmern liegenden Europa von einem innerlich erstarkten, zum Bewußtsein seiner selbst und zur Erweckung seiner schlummernden tiefsten Lebenskräfte gekommenen Rußland erwartet wird.

Wer aber gar rein völkisch denkt und an einem Zerreißen und Zerfetzen aller sich zwischen stammesfremden Nationen noch knüpfenden Fäden geistigen und persönlichen Austausches seine Freude findet, dem werden die hier zum ersten Male einem deutschen Leserkreise dargebotenen Briefe, ihr Inhalt und der Geist, der in ihnen schwingt, nicht viel zu sagen haben. – Täuschen indes die Zeichen der Zeit nicht, so sammelt sich trotz aller Enttäuschungen und prasselnder Unmenschlichkeiten langsam wieder die stille Gemeinde derer, die, an die grenzenüberbrückende Macht des Geistes glaubend, froh und beglückt da verweilen, wo sich in Vergangenheit und Gegenwart Menschen aus verschiedenen Ländern und Kulturen, jeder seinem Vaterland und damit auch sich selber treu, auf dem Boden einer wahren und echten Humanität zu wechselseitig befruchtendem Austausch zusammenfanden.

Iwan Turgenjew und Ludwig Pietsch, in Größe und Wurf ihrer Persönlichkeiten sicher von sehr verschiedenen Maßen, im Kern ihrer Lebens- und Weltanschauungen einander aufs engste verwandt, hatten sich in jungen Lebensjahren bereits flüchtig kennengelernt und sich dann durch die gemeinsame Verehrung für den Genius einer überragenden Künstlerpersönlichkeit später aufs neue zusammengefunden, nunmehr zu einer Freundschaft vereint, die allen Stürmen von außen und innen, allen Wandlungen der Politik, allen Peripetien der künstlerischen Entwicklung fast ein Menschenalter hindurch, bis zum Tode Turgenjews, siegreich standgehalten hat und kaum einmal durch vorübergehende Mißverständnisse getrübt wurde. Was dieser Freundschaft ihren Halt und ihre Weihe gab, war die gleiche Grundgesinnung den Menschen und dem Leben gegenüber: beide idealistisch-verschwommenen Jugendeseleien und romantischer Traumseligkeit früh sich entwindend, um fortan ganz den eignen Sinnen, der scharfen Beobachtung und energischen Wiedergabe selbsterlebter und durchempfundener Eindrücke zu trauen und doch einen letzten Rest romantischen, weltabgekehrten Schwärmens niemals ganz zu verleugnen; beide in Goethe ihren geistigen und künstlerischen Vater erkennend; beide voll gläubig-demütiger Bewunderung für alles Lebendige, für die schöpferische Kraft der Natur auch in ihren kleinsten Gebilden; den Menschen und dem Leben gegenüber aber bei allem leidenschaftlichen Umfassen zuletzt doch von einer weltmännisch freien Überlegenheit, die in all der bunten Wirrnis des Geschehens ihrer selbst immer sicher bleibt und, am farbigen Abglanz sich freuend, mit leise und wehmütig lächelnder Skepsis das wechselnde Spiel des Lichts auf dem in ewiger Ruhe gleitenden Strom zu beobachten liebt. Verschieden allerdings beide, grundverschieden, in der Art ihrer künstlerischen Produktion: Ludwig Pietsch, ganz dem Augenblick hingegeben, wirft in breiten, kecken, unbesorgten Strichen, unbekümmert um Tiefe und letzte Rundung, schnell und sicher erfaßte Bilder, überquellend von Leben und Farbe, mit dem Zeichenstift, später mit der Feder aufs Papier; Iwan Turgenjew, auch er von einem Augenblickserlebnis, einem vorbeihuschenden Blick, einer flüchtigen Erzählung, einem plötzlichen Blitzen oder Erlöschen, immer aber von etwas Außergewöhnlichem gepackt, läßt den Eindruck langsam sich festigen, reifen, Form und Gestalt gewinnen, von seinem Zentrum aus immer weitere Kreise ziehen, bis oft erst nach Wochen und Monaten ein Menschenschicksal in festen Konturen, in voller künstlerischer Rundung vor seinem geistigen Auge steht und ihn mit dämonischer Gewalt, oft fast gegen seinen Willen, zur Produktion zwingt.

Die Anfangsgeschichte dieser Freundschaft, ihre Entstehung und ihren Höhepunkt hat uns Ludwig Pietsch in seinen köstlichen Erinnerungen „Wie ich Schriftsteller geworden bin" höchst anschaulich geschildert: von dem Augenblicke an, da der junge Berliner Kunstschüler und Kunstenthusiast dem russischen Studenten mit dem massigen Körper, der Löwenmähne und den grünlich-braunen, abgrundtiefen, grundgütigen Augen auf der Treppe einer Berliner Lesehalle begegnete, um sofort dem Banne einer großen Persönlichkeit zu verfallen. Er berichtet uns, wie er von Anfang an in ihm den großen Dichter ahnte, als der er sich bald offenbaren sollte; wie er, durch seine wunderbare Erzählergabe, sein tiefes und reiches Wissen auf allen Gebieten, seine umfassende Belesenheit in den Literaturen aller europäischen Kultursprachen, seine weiche, sensitive Empfänglichkeit für alle Eindrücke aus Natur und Leben, seine tiefe, echte und klare Humanität immer mehr gefesselt, zuletzt in den Kreis der engsten Freunde des Dichters eingerückt ist. Um das Band aber, das sich um die beiden werdenden Freunde schlang, unzerreißbar fest zu knüpfen, bedurfte es der gemeinsamen Hingabe an eine Frau von ganz eigenartiger Genialität, an Pauline Viardot, die seit den 40er Jahren wie überall so auch in Berlin bei jedem Kommen nicht nur durch ihre Gesangskunst, sondern durch den ganzen Zuschnitt ihrer großen Persönlichkeit alles, und vor allem die Jugend, in Bann schlug.

Nirgends hat Ludwig Pietsch, wenn er aus dem reichen Schatz seiner Erinnerungen ein Erlebnis in breit-behaglichen, farbenfrohen Bildern wieder erstehen ließ, lieber verweilt, nie war sein inneres Schauen lebendiger, nie sprach aus seinen Worten ein reineres, noch in der Erinnerung mit tiefer Wehmut neugenossenes Glück, als wenn er von jenen Sommertagen erzählte, die er seit dem Jahre 1863 viele Jahre hindurch in Baden-Baden zu verbringen pflegte. Denn zu dem Reichtum unvergeßlicher Eindrücke, die die auch heute noch jeden Besucher ruhig und glücklich stimmende Schwarzwaldlandschaft mit ihren kaum irgendwo auf deutschem Boden in gleicher Fülle vereinten Reizen diesen für alles Schöne so weit geöffneten Künstleraugen immer aufs neue spendete, zu der berauschenden, glänzenden Pracht der internationalen, nicht zum wenigsten durch das Spiel zusammengehaltenen Gesellschaft in der größten Zeit, die Baden je gehabt hat, gesellten sich damals die nur einem engeren Kreise von Auserwählten zugänglichen stilleren und tieferen Freuden einer geistigen und künstlerischen Atmosphäre von subtilster Feinheit und Reinheit, einer vergeistigten Geselligkeit, wie sie seitdem der Stadt im Oostal, und nicht nur dieser, völlig verlorengegangen ist. Es war Frau Viardots Persönlichkeit, um die sich dieser Kreis sammelte; seitdem Turgenjew sich entschlossen hatte, sich in unmittelbarer Nähe der Freundin selbst anzusiedeln, fand der Kreis in ihm einen zweiten Mittelpunkt. Je wilder und brausender sich draußen das Leben der großen Welt in tausend schillernden Kaskaden ergoß, um so mehr genoß man in der stillen Abgeschiedenheit des Tiergartentals der reineren und klareren Quellen dieses intimen Lebens im engsten Freundeskreise, der abendlichen Plauderstunden, der entspannenden Harmlosigkeit geselliger Spiele, von denen auch in den folgenden Blättern ein Beispiel gegeben werden soll; vor allem aber jener unvergleichlich schönen Weihestunden, in denen die Großen der Kunst und der Literatur sich auf dem Fuße völliger Gleichberechtigung mit den Großen der Welt, mit König Wilhelm und Königin Augusta, trafen, bei der Aufführung kleiner Opern und Singspiele durch die aus aller Welt

Pauline Viardot

zusammengeströmten Schülerinnen Frau Viardots und ihrer Töchter – anmutig-heiterer Werke, zu denen meist Turgenjew den Text, Pauline Viardot die Musik geschrieben hatte und bei deren Darstellung die Künstlerin selbst als Lehrerin, gelegentlich auch als mitwirkende Sängerin vor einem erlesenen Publikum stets erneute Triumphe feierte. Es waren Stunden, die wohl das Gefühl eines fast wunschlosen Glücks in den Gästen des Hauses Viardot hervorrufen mochten, so wie es in Ludwig Pietschs Erinnerungen noch in jeder diesem Erleben gewidmeten Zeile als leises Sehnen nach einer verlorenen besseren Welt nachzittert.

Als dann im Jahre 1870 die Familie Viardot und ihr folgend Turgenjew dauernd nach Paris, im Sommer nach dem Landsitz Bougival übersiedelten und damit die sommerlichen Zusammenkünfte im Oostale aufhörten, um durch gelegentliche wechselseitige Besuche ersetzt zu werden, – die Freundschaft zwischen Turgenjew und Ludwig Pietsch blieb die gleiche bis zu Turgenjews 1883 erfolgten Tode. Gewiß fehlte es nicht an gelegentlichen Trübungen, besonders dann, wenn Turgenjew sich in seinem gerade wegen seiner energischen Kritik an russischen Zuständen doppelt empfindlichen nationalen Bewußtsein verletzt glaubte; aber es blieben Mißverständnisse, die durch ein klärendes Wort jedesmal rasch überwunden und beseitigt wurden. –

Als Zeugnis dieses ein Doppelleben erfüllenden und durchleuchtenden Freundschaftsverhältnisses wollen die im folgenden zum erstenmal der deutschen Öffentlichkeit dargebotenen Briefe gewertet sein. – Gewiß teilen sie mit allen solchen Publikationen einseitiger Art die Schwäche: daß wir die Stimme des Sprechenden hören, aber das erwartete Echo stumm bleibt. Dennoch dürfte man beim Lesen der Briefe Turgenjews kaum einen Wesenszug aus dem Bilde beider Männer ernstlich vermissen. Denn sie sind alle aus dem Augenblick geboren, unliterarisch, geschrieben ohne jeden Gedanken daran, daß sie einmal einer breiten Öffentlichkeit zugänglich gemacht werden könnten; und so gehen sie auch regelmäßig auf die vorausliegende, uns fehlende Äußerung der Gegenseite mit solcher Unmittelbarkeit ein, daß sie deren Fehlen oft gänzlich vergessen machen, daß wir aus der

Antwort die Frage ohne Schwierigkeit erraten und aus der Frage die kommende Antwort ahnen. Nicht in ihrem sachlichen Inhalt liegt, wie mir scheint, ihr Hauptreiz. Gewiß: hie und da spielt das große Weltgeschehen hinein; mit tiefer Erschütterung erkennt man die ungeheure Wirkung des Tages von Sedan auf den Dichter; die Äußerungen über die Entwicklung der französischen Republik würde man ebenso ungern entbehren, wie die gelegentlichen kritischen Urteile über Männer, die er im tiefsten verehrte, wie Storm und Heyse, und die lustigen Verulkungen beschränkter Gernegroße, wie Berthold Auerbach. – Weit wertvoller aber ist das, was die Briefe an unmittelbaren Enthüllungen einer starken, tiefen und gütigen Persönlichkeit uns bieten. Vergleichen wir sie mit anderen brieflichen Äußerungen Turgenjews, die wir kennen, etwa mit denen an seine russischen Freunde, so überrascht uns ein Ton spielerischer Leichtigkeit, ein weltmännisch-überlegenes Schalten mit dem Leben, eine reife und freie Kunst, nichts außer dem, was an die Tiefen seiner Seele rührte – und das war für Turgenjew nur die Liebe zu Frau Viardot und ihren Kindern und die Liebe zu seinem Vaterlande –, ganz ernst, tragisch oder feierlich zu nehmen und auch der eignen dichterischen Produktion gegenüber sich allzeit die Freiheit des Urteils zu wahren; die Kunst endlich, im Ausdruck dem gleichgesinnten und verständnisvollen Freunde gegenüber oft bis an die äußerste Grenze des Zynismus zu gehen und doch in jedem Fall die Würde der eignen Persönlichkeit zu wahren. Bei aller tändelnden, graziösen Form des Briefstils, bei aller Leichtigkeit des Hinweggleitens über den bunten Wechsel der Dinge, Menschen und Begebenheiten liegt aber über dem Ganzen ein eigentümlich bitter-süßer Hauch einer herbstlichen Schwermut, Mitgift seines Volkes zugleich und Ergebnis einer Lebens- und Weltauffassung, die aus dem Zusammenstoß mit einer feindlichen Welt schon in jungen Jahren, im Elternhaus und auf der Universität, aus oft erneuter bitterer Erfahrung, aus Verkennung und Verleumdung aller Art sich einen adligen Stolz, eine unantastbare Vornehmheit, eine niemals bittere Menschenverachtung, einen über alles Kleinliche des Lebens, als vergängliches Beiwerk, triumphierenden

Humor gerettet hatte; jenen Humor, der, bald wehmütig schwebend und unter Tränen lächelnd, bald derb zupackend und grotesk steigernd, auch in unsern Briefen wiederholt zum Ausdruck kommt. Ein Brief wie der über die Kälte in Weimar hat nicht allzu viele Gegenstücke in der deutschen Literatur.

Bewunderungswürdig ist es, wie Turgenjew die deutsche Sprache bis in letzte Feinheiten des Ausdrucks beherrscht – staunenswert um so mehr, als diese Sprache ja die dritte war, über die er (neben der russischen und französischen) mit voller Souveränität verfügte. Er bewegt sich in dem fremden Idiom mit einer fast absoluten Freiheit und Sicherheit; die kleinen Verstöße gegen Satzbau, Syntax, Grammatik und Interpunktion – niemals gegen den Geist unsrer Sprache –, die im folgenden nicht ausgemerzt wurden, wird man, als zum ganzen Bilde notwendig, gern in den Kauf nehmen. Einzig das dauernde Durcheinanderlaufen des vertrackten großen „Sie" mit dem kleinen „sie" mußte, um unliebsame Mißverständnisse oder dauernde Erklärungen zu vermeiden, in Ordnung gebracht werden; die Orthographie wurde auf Anregung des Verlags in die heute geltende geändert. –

Die Zeichnungen Ludwig Pietschs aus der Badener Zeit, die wir beigeben, bedürfen kaum erläuternder Worte. Sie sind Niederschläge jenes in strahlendem Glücksgefühl gehobenen Bewußtseins, einer überquellenden Schaffenskraft aus einer Zeit, da der Schriftsteller in Ludwig Pietsch noch im Werden, der Zeichner zu voller Höhe und Freiheit künstlerischer Gestaltung herangereift war. Skizzenbuch und Bleistift kamen, wie er uns selbst berichtet, in jenen Badener Sommertagen kaum zur Ruhe. Von den Insassen und regelmäßigen Gästen des Viardotschen Hauses ist ihm kaum einer entgangen; am liebsten aber weilte sein Auge auf der genialen Künstlerin, die er über alles verehrte, und ihrem gewiß nicht landläufig schönen, aber von tiefster innerer Seelenschönheit und -größe belebten Antlitz. So hat er sie in einzelnen ihrer Rollen – am schönsten als Norma – gezeichnet, am Klavier, am Harmonium, an der Orgel; neben ihr die Anmut ihrer Töchter und all die Schülerinnen, Désirée Artôt an der Spitze, damals schon auf der Höhe ihres Könnens, Aglaja Orgeny, von jungem Ruhm gekrönt, Maria Burd, die schöne Engländerin. Turgenjews wundervollen Dichterkopf aber hat er in einer ganzen Reihe von Zeichnungen und Skizzen festgehalten, wie sie nur tiefes künstlerisches Verstehen und sympathisches Sicheinfühlen in eine wesensverwandte Persönlichkeit zu erzeugen vermögen: beim Lesen, beim Vorlesen, beim Kartenspiel und in der Haltung eines aufmerksam Zuhörenden. Impressionen gewiß, Geschöpfe des Augenblicks, aus schneller Beobachtung geboren, aber solche, die den Wesenskern einer Persönlichkeit in den flüchtigen Lebensäußerungen der Stunde enthalten. Und endlich hat er die liebenswürdige Anmut des Badener Landes – er, den jede heroischstrenge Landschaft niederdrückte und verstimmte – in den weiten Ausblicken von Turgenjews Schlößchen aus über Wiesen, Felder und Wälder zu den Höhenzügen ringsum ebenso geschildert wie einen einzelnen Baum mit dem Spiel von Licht und Schatten in seinen Zweigen, wie eine romantische Felspartie im Waldesinnern oder das bunte, flirrende Leben der großen Welt auf dem Korso der Lichtentaler Allee. Hier wie überall war es die vielen heute fremd und leer gewordene Freude am schönen Schein an sich, das liebevoll-schmiegsame, allumfassende Eingehen auf jedes, auch das kleinste Detail des Gegenstands, ohne daß die geschlossene Einheit bildmäßiger Wirkung des Ganzen darob aufgegeben wäre; war es die absolut sichere Handhabung alles technischen Rüstzeugs und ein nie fehlgehendes perspektivisches Sehen, die Ludwig Pietsch als Zeichner charakterisieren und ihm auch noch in einer nach ganz andern künstlerischen Zielen gerichteten Zeit manchen Freund erwerben dürften.

Wort und Bild wirken hier, so darf man hoffen, zu einem schönen Einklang zusammen. Und so mögen sie denen, die ohne weichliche Sentimentalität, aber in liebevollem Gedenken sich gern in die klare Flut glücklicherer Zeiten tauchen, um das trübe und erstickende Erleben der Gegenwart zeitweise abzuspülen, eine frohe Stunde bereiten.

Alfred Doren

IWAN TURGENJEW
AN
LUDWIG PIETSCH

Baden, Schillerstr. 277, den 12. Januar 1864

Mein bester Pietsch,

Ich habe mir große Vorwürfe zu machen: Ich habe auf Ihren lieben großen Brief nicht geantwortet, Ich habe ihn sogar verloren und weiß jetzt Ihre Adresse nicht, so daß Ich aufs Geratewohl meinen Brief an einen Buchhändler adressiere, der Sie vielleicht gar nicht mal kennt. – Wenn Sie diesen Brief doch bekommen, so wissen Sie, daß Ich übermorgen früh auf meiner Reise nach Petersburg in Berlin ankomme und im Hotel de St. Petersbourg absteige. Ich suche Sie jedenfalls auf und somit auf baldiges Wiedersehen. – Ich grüße Sie herzlich

I. Turgenjew

Baden-Baden, Schillerstr. 277, Sonnabend, den 30. April 1864

Mein guter, lieber Freund,

Ihr Brief an Mme Viardot ist mir wie ein Stich durchs Herz gegangen. – Vor allem dieser herbe, bittere Verlust, dieser unbarmherzig harte Schlag! – Von Tröstungen ist natürlich keine Rede – Ich will Ihnen nur sagen, wie tief Ich Sie und Ihre Frau bedaure. – Ja, das Leben ist überhaupt schwer zu tragen – und das Schwerste an ihm ist diese indifferente Notwendigkeit, diese Natürlichkeit des Schmerzens und der Verluste. – Es knickt die reizendste, schönste Gestalt und weiß nicht einmal etwas davon – ebensowenig wie das Rad, das die Blume zerquetscht. – Arbeiten, arbeiten, sich in etwas gewaltsam hineinzwängen – wie ein gebrochenes Glied in harte Binden –, ist das beste Mittel für Sie: es ist alt und probat. Mag es Ihnen nur nicht zu sauer werden!

Auch in anderer Hinsicht hat mir Ihr Brief wehe getan – aber daran bin Ich selbst Schuld. – Ihre liebevolle Nachfrage nach mir hat mich fühlen lassen, wie sehr Ich Unrecht hatte, Ihnen nicht längst geschrieben zu haben. – Es gibt keine Entschuldigung – und ich sage ein vollständiges „peccavi". – Nur muß Ich Ihnen sagen, warum Ich Sie in Berlin nicht aufgesucht habe: Ich bin nämlich keine volle Stunde in Berlin geblieben – Ich habe mich gleich nach der Dresdener Eisenbahn führen lassen – da mein Bruder in Dresden auf mich wartete. Er war sehr krank. – Von Dresden reiste Ich nach Baden – von da nach Paris – jetzt bin Ich wieder hier und diese ganze Zeit hab' Ich keinen ruhigen Tag gehabt. – Nun hock' Ich wieder auf meinem alten Nest – und beeile mich, dem alten Freund fest und treu die Hand zu drücken. –

Mme Viardot wird Ihnen wahrscheinlich geschrieben haben, wie viel Angst und Sorgen ihr Louisens Entbindung geschafft hat. Nun ist alles gut – das kleine Ding (es ist ein Sohn) – wächst und gedeiht – die Mutter ist noch schwach und liegt im Bett – aber es geht alles seinen regelmäßigen Gang. – Sie wohnen in meinem Quartier – Ich habe zwei Zimmerchen in demselben Hause provisorisch bezogen. – Sie gehen Ende Juni ab – und da werd' Ich drei überflüssige Stuben haben, die am besten von Freunden zu besetzen wären. Verstehen Sie die Anspielung? – Es würde in der Tat eine große Freude für mich sein, Sie während des Sommers bei mir zu beherbergen. – Tun Sie doch das – und kommen Sie, wenn es irgend möglich ist. – Meine russische Angelegenheit hat sich auf das beste gelöst und Ich bin so frei, wie ein Russe es überhaupt sein kann.

Ich habe manche Vorstudien gemacht und bereite mich vor, ein größeres Werk anzufangen – habe auch – leider! – gewaltig gefaulenzt. – Eine kleine Skizze von mir ist vor kurzem erschienen – ist aber unbedeutend.

Mme Viardot hat vor einigen Tagen fast den ganzen Orpheus in einem Konzert herrlich gesungen – und nächste Woche singt sie Norma in Karlsruhe. – Ich bin sehr begierig darauf. –

Alter, lieber Freund, auf Wiedersehen! – Ich drücke Ihnen nochmals die Hand und grüße Ihre Frau aufs herzlichste

Ihr I. Turgenjew

P. S. – Verwahren Sie gefälligst die Flinte, die Ich bei Ihnen gelassen habe. – Ich habe sie einem Russen verkauft, der, mit einem Zettel von mir, sie abholen wird.

Baden, Schillerstr. 277, den 8. Juni 1864

Mein lieber Pietsch,

Ich hätte Ihnen längst schreiben sollen – aber Ich bin leider sehr faul geworden. – Ihr Brief an Mme Viardot hat mich aus meiner Trägheit herausgerüttelt – und Ich ergreife die Feder, um Ihnen zu sagen, daß von Ende Juni bis Ende Juli Ihr Zimmer auf Sie mit offenen Armen wartet. – Am 1. August kommt Verney (den Sie kennen) nach Baden und wird bei mir wohnen. – Also machen Sie schnell Ihre Geschäfte ab – und kommen Sie pünktlich in drei Wochen hier an. – Ich lasse Sie nicht früher kommen, denn erstens schreiben Sie mir selbst, daß Sie erst im Juli frei werden und zweitens werde Ich diese ganze Zeit abwesend sein – Ich muß Ausflüge nach Frankfurt, Schwalbach, Stuttgart etc. machen. – Also am 29. Juni. Halten Sie Ihr Wort!

Entschuldigen Sie dieses kurze Schreiben – nächstens schreib' Ich etwas ausführlicher. – Ich grüße vielmals Ihre Frau und drücke Ihnen die Hand aufs freundschaftlichste.

Ihr I. Turgenjew

Baden-Baden, Schillerstr. 277, Montag, den 19. September 1864

Mein lieber Freund,

Ich danke Ihnen recht sehr für Ihren Brief, obschon nicht alles darin – nämlich die Nachricht von Ihrem Unwohlsein – gut ist. Hoffentlich sind Sie jetzt bei den Ihrigen, die Gesundheit ist wieder leidlich, und die schöne Aussicht auf eine so edle und wohltätige Arbeit, wie es Illustrationen zu Reuter sind – gibt Ihnen Mut und Stärke. Sagen Sie mir, wie Sie die Ihrigen gefunden haben. Hier geht alles im gewohnten Gleise, man denkt oft und liebevoll an Sie – dreimal wöchentlich gibt es Jagd, das Wetter ist schön – und die Arbeit schreitet sehr langsam vor. Frau Anstett wird eben jetzt mehr von den Zähnen als von Korah geplagt; sie läßt Sie herzlich grüßen. Die 25 Taler hab' Ich bekommen – aber Ich bitte Sie – nur keine Eile mit dem Zahlen – Ich kann ganz gut warten.

Der Eindruck, den Ihr hiesiger Aufenthalt auf Sie gemacht hat, ist mir deswegen besonders willkommen, weil er mir Ihre Wiederkehr im nächsten Jahr verbürgt. – Sie zweifeln daran nicht, mit welcher Freude man Sie empfangen wird, nicht wahr?

Geben Sie den einliegenden Brief an Konewka; Ich schicke ihm zugleich den ersten Band der Bodenstedtschen Übersetzung.

Mit den besten Wünschen und Grüßen drücke Ich Ihnen die Hand; empfehlen Sie mich Ihrer Frau,

Ihr I. Turgenjew

P. S. Heute hat man mit dem Bau des Hauses angefangen.

Paris, 10, rue basse, Passy, den 22. November 1864

Mein lieber und guter Freund,

Ich bin hier seit vorgestern (bei meiner Tochter) – und reise in einer Woche wieder nach Baden zurück – will aber nicht länger den Fluch des Undanks auf mich laden – und drücke Ihnen auf das herzlichste die Hand für Ihr letztes liebes Schreiben und das kostbare Geschenk, das Ich hier in Paris auf das würdigste verwenden, nämlich mit einem geschnittenen Stein versehen werde. – Zugleich gehe Ich selbst zu A. Salomon und hole mir eine von den großen Photographien, die Sie gewünscht haben. – Ich verlasse nicht Paris, ohne sie Ihnen zugeschickt zu haben.

In Nanzig gab es ein großes Festgelage – mit aufrichtiger Rührung und unzweifelhafter Indigestion – Verney ist verheiratet und Ich habe ihn schon hier besucht und die liebe kleine Jeanne sieht etwas blaß und angegriffen aus unter ihrer Haube. – Es wird sich schon alles geben – und sie sind sehr glücklich, das ist die Hauptsache.

Also noch einmal einen wackeren Händedruck und auf Wiedersehen in Baden! – Viele Grüße der lieben Frau und Familie.

I. Turgenjew

Baden-Baden, Schillerstr. 277, den 27. Januar 1865
Lieber Pietsch,

Ich hätte längst auf Ihren freundlichen Brief antworten sollen – aber diesmal war es nicht die Jagd allein, die mich daran hinderte. – Ich habe eine Reise nach Paris machen müssen – wohin Ich nächstens zurückkehre – Ich verheirate nämlich meine Tochter an einen jungen Franzosen – die Hochzeit findet statt am 20. Februar – und dieses sonst fröhliche, mir aber als pseudo-Familienvater sehr neue und ungewohnte Ereignis hat – wenn nicht meine ganze Tätigkeit – doch meine ganze Denkkraft in Anspruch genommen. Sie werden auch diesmal mit einem kurzen und trockenen Brief vorlieb nehmen müssen – und es ist mir überhaupt bloß daran gelegen – Sie für Ihre lieben Zeilen zu danken und Ihnen wissen zu lassen –, daß Ich noch existiere und Gott sei Dank – ziemlich leidlich. – Ich weiß nicht, ob Hunger wirklich der beste Koch ist – aber das Faulenzen ist gewiß der beste Arzt. – Nur ganz exzeptionell privilegierte Naturen, wie Mme Viardot können zugleich sehr tätig, sehr wohlgemut und sehr gesund sein. – Sie hat in der letzten Zeit 6 Gedichte von Mörike in Musik gesetzt – gewiß das beste, was sie noch in der Art getan hat – hat den Propheten in Karlsruhe gesungen – (mir mißfiel die Musik unsäglich – sie selbst ist aber in alter Größe erschienen) – und am 31. dieses Monats singt sie in einem Konzert in Stuttgart – um Schuberts Andenken zu feiern. – Das ganze Haus im Tiergarten steht im besten Flor – und also geht es gut auch mir. Vom 5. Februar – bis zum 25. bin ich in Paris – rue basse, 10, Passy – und würde mich sehr freuen, etwas von Ihrer – jetzt nicht mehr ganz unleserlichen Handschrift zu Augen zu bekommen. Indessen drücke Ich Ihnen aufs herzlichste die Hand, grüße Ihre Frau und Familie und bleibe

Ihr getreuer I. Turgenjew

P. S. Was Sie mir von Menzel gesagt haben – macht mich förmlich stolz. Sie werden mich am Ende zu einem eitlen Menschen machen.

Baden-Baden, Schillerstr. 277, den 27. April 1865

Mein lieber Freund,

da haben Sie die zwei gewünschten Photographien, dafür aber bitte ich mir folgendes aus: Sie müssen mit „umgehender Post", wie man sagt – mir die Zeilen Kossaks über Mme Viardots Album – entweder kopiert oder ausgeschnitten – zuschicken. Vergessen Sie es ja nicht. Sie erweisen mir dadurch einen großen Gefallen.

Ich verspreche Ihnen den Tag meiner Ankunft in Berlin per Telegraph ganz genau wissen zu lassen – hoffe Sie gesund und munter anzutreffen und drücke Ihnen unterdessen auf das herzlichste die Hand.

I. Turgenjew

Baden-Baden, Schillerstr. 277, den 22. September 1865

Ich habe eben Ihren Brief bekommen, lieber Pietsch – und danke Ihnen für alles Gute, das Sie mir darin sagen. – Ohne viele Worte: Ihre Anwesenheit in Baden, bei mir, hat mich sehr gefreut – und Sie können so oft kommen, wie Sie nur wollen – ein Zimmer für Sie wird immer da sein. –

Alles geht gut an den gesegneten Ufern der Oos – nur haben wir des Guten zu viel: Ich meine dies unerbittlich schöne Wetter. Diese herrlichen Herbsttage haben alles förmlich ausgedörrt – und an das Jagen ist nun einmal nicht zu denken; die Nase versagt dem besten Hunde ihren Dienst. Sogar Pegas hat in den letzten Tagen zwei angeschossene Rebhühner nicht finden können. –

Sie haben in einem Ihrer Feuilletons gesagt, man dürfe den badischen Journalisten und Kritikern keinen Glauben schenken – denn sie wären alle an Benazet verkauft. Das hat die Herren Pohl, Lallemand etc. fürchterlich schnauben machen, was eigentlich harmlos ist – aber Sie schieben das alles der Mme Viardot zu, die Ihnen ihre Ansichten über die hiesigen Kunstleistungen mitgeteilt hätte – was gar nicht harmlos ist. Der Sache ist leider wenig zu helfen; vielleicht könnte man gelegentlich insinuieren – daß bloß die französischen Kritiker gemeint waren.

Schicken Sie gefälligst das beiliegende Zettel dem Fräulein Röder. Viele Grüße Ihrer Familie, Menzel, Aglaia, Begas und tutti quanti. Auerbach ist hier seit ein paar Tagen – und Ich habe viel mit ihm gesprochen: geistreich ist er und interessant – aber die Selbstgefälligkeit!

Leben Sie recht wohl   Ihr I. Turgenjew

Baden-Baden, den 16. November 1865

Mein lieber Freund,

heute abend reist Mme Viardot nach Berlin und Ich bitte sie diese wenigen Zeilen mitzunehmen. – Sie wird Ihnen von unsrem hiesigen, ziemlich einförmigen Leben erzählen – Ich will Ihnen bloß recht sehr danken für das schöne Geschenk zum 9. November und auch dafür, daß Sie daran gedacht haben es zu tun. – Es hat mich recht sehr gefreut. Zugleich schicke Ich Ihnen mit Mme Viardot den endlich erschienenen zweiten Band der Bodenstedtschen Übersetzung. – (auf Seite 294 steht: „Was konnte Ich hoffen" – soll: „Was konnte sie hoffen" heißen). Den seichten „Patinkow" hat Bodenstedt wahrscheinlich gewählt, um zwei seiner lyrischen Übersetzungen zu zitieren.

Und nun – Ich brauch es eigentlich kaum zu sagen – empfehlen wir Ihnen unsere teure Reisende. Sie sind zu ihrem Adjutanten ernannt. – Auch bitte Ich Sie auf das inständigste, wenn ihr irgendwas passierte, das man hier schnell wissen möchte, – mir es gleich Schillerstraße 277 zu telegraphieren. Wir hoffen viel für ihre Gesundheit von dieser Reise, diesen Zerstreuungen. Nur ist mir das alte Berlin zu kalt und zu windig... Nun, wir wollen sehen – aber Ich rechne fest auf Sie.

Und hiemit – Gott befohlen. Viele Grüße der lieben Familie, dem Menzel, Begas und allen andern guten Freunden. Ihnen drück' Ich herzlich die Hand.

I. Turgenjew

P. S. Grüßen Sie Fräulein Aglaia; Fräulein von Pöllnitz schreib' Ich selber.

Baden-Baden, Schillerstr. 277, Donnerstag, den 21. Dezember 1865

Mein lieber Freund,

Ich habe Ihren Brief mit einem Gefühl wahrer Genugtuung und Freude gelesen und danke Ihnen dafür. Sie haben mir in der Tat nichts Neues über Mme V. gesagt - aber daß Sie die herrliche Frau so gut kennen und so trefflich beschreiben - das war ein Fest für mich. Auch daß ihr Einfluß und ihre Wirkung in den Berliner Kreisen so mächtig gewesen - war auch nichts Unerwartetes, - und doch höchst Erfreuliches: dieses frohe sich Entfalten einer wahrhaft genialen Natur - muß ein schönes Schauspiel gewesen sein. - Nun sind wir alle Berlin viel verpflichtet: denn sie ist wirklich ganz anders zurückgekehrt, als wir sie entlassen hatten: so wohlgemut, rüstig und lebensfroh habe Ich sie schon lange nicht gesehen. Sie hat uns vieles von ihrem Berliner Leben erzählt und da kam Ihr Name oft genug auf ihre Lippen. - Nun müssen wir alle tüchtig arbeiten - und im Sommer sind wir wieder alle zusammen in Baden - nicht wahr?

Ich habe einen großen Roman bei den Hörnern angepackt - weiß aber gar nicht, ob Ich das Tier bewältigen werde. Ich habe solange nichts geschrieben - und fühle eine innere - Ich will nicht sagen - Müdigkeit - aber doch Schlaffheit, die sich nur sehr langsam verliert. Vielleicht geht es doch - denn manchmal kommt es mir vor, Ich könnte doch noch etwas sagen. - So ein Glauben ist notwendig - obschon ein bißchen einfältig. -

Ich habe einen lieben Brief von Storm bekommen, habe ihm auch geantwortet und die Bodenstedtsche Übersetzung geschickt... Hat er sie bekommen?

Viele Grüße allen den lieben Berliner Freunden - und einen herzigen Händedruck für Sie.

Ihr ergebener I. Turgenjew

P. S. Mme V. hat mir gesagt, Fräulein Cornelie Meyerbeer hätte den Wunsch geäußert, eine Photographie von mir zu haben - Übergeben Sie ihr beiliegendes Exemplar - Es ist nicht besonders gut - Ich habe aber kein anderes.

Abendunterhaltung im Hause Viardot

Baden, Schillerstr. 277, Montag, den 19. Februar 1866
Mein lieber Pietsch,
Viel Dank für den lieben Brief – nur schade für die traurigen Noten die durchklingen – das wäre doch gar nicht gut, wenn Sie etwas verhindern sollte, diesen Sommer nach Baden zu kommen – kann man irgendwie der Sache abhelfen? Hetzel hat mir geschrieben wegen Ihrer Adresse, die er wieder verloren hatte; vielleicht wird etwas daraus. – Ich bin auch nicht ganz heiter gestimmt und das aus einer physischen Ursache – (das sind nachgerade die schlimmsten). Ich habe eine fatale Muskelentzündung im linken Arm gekriegt mit einem sogenannten Überbein kompliziert – die ersten Spuren davon hatten sich schon im Herbst gezeigt – aber in der letzten Zeit hat diese Entzündung einen bösartigen Charakter angenommen und seit zwei Wochen sitze Ich zu Hause und wechsle kalte Umschläge jede zehn Minuten – Ich kann meine Hand gar nicht regen – jede Bewegung verursacht mir heftige krampfhafte Schmerzen – und nun soll diese Krankheit zu den langwierigsten gehören – das ist sehr fatal. Vom Arbeiten ist natürlich keine Rede mehr. – Sie können mir einen Dienst erweisen. Nämlich – vor 3 oder 4 Jahren hatt' Ich ein Überbein am Fuß bekommen – und der Kommissionär im Hotel St. Petersburg zu Berlin verschaffte mir eine Salbe, die, seiner Aussage nach, dem Besitzer des Hotels, Herrn Hendtlaß, die besten Dienste erwiesen hatte. – Mir half sie schnell und gründlich. Fragen Sie gefälligst im Hotel St. Petersburg nach – und wenn es möglich ist, schicken Sie mir das Rezept. Ich glaube, es ist noch immer der nämliche Kommissionär.

Glücklicherweise geht es gut in der Villa – und das ist die Hauptsache. Frau Viardot ist guter Dinge und hat letztens reizende Sachen komponiert. Das Wetter ist greulich. Sonst passiert nichts Neues.

Das Schreiben wird mir schwer – Ich drücke Ihnen herzlich die Hand, grüße bestens die ganze Familie und alle Freunde, Menzel à la tête und bleibe
Ihr ergebener I. Turgenjew

P. S. Die Marx hält die Vossische Zeitung nicht; bitte um die Feuilletons, womöglich.

Baden-Baden, Schillerstr. 277, Montag, den 12. März 1866

Mein lieber Freund,

Ihre Salbe hat mir so außerordentlich geholfen, daß ich Sie bitten muß, mir das Rezept davon zu schicken – wenn das aber nicht gehen sollte, so wenigstens noch ein (größeres) Töpfchen davon – da dieser Balsam schon auf der Neige ist. Wollte man Geld für die Kopie besagten Rezeptes haben, so würde Ich es gern hergeben.

Sonst geht hier alles gut – und Ich grüße Sie in aller Hast aufs freundlichste.

Ihr I. Turgenjew

Baden-Baden, Schillerstr. 277, den 21. April 1866

Liebster Freund,

Von einer sehr langweiligen Auerhahnjagdexpedition eben zurückgekehrt, find' Ich Ihren Brief – und muß mit von Schamröte glühendem Gesicht gestehen, daß Ich – wenn nicht ein vergeßliches – doch ein sehr faules Tier bin. – Je älter man wird, je schneller gleitet einem das Leben unter den Fingern weg – und man findet Zeit zu nichts – obschon man eigentlich gar nichts tut. – Solche philosophische Reflexionen sind auch eigentlich nie etwas anderes als Entschuldigungen – und deswegen höre Ich auf, in die Tiefe zu streben – und mache mich etwas breit – d. h. Ich schreibe.

Aus dem zuerst erwähnten Umstande werden Sie einsehen können – daß es mir, dank Ihrer Salbe – ganz gut geht – und an meiner Hand spür' Ich jetzt nichts mehr. Was aber weit wichtiger ist – auch Mme Viardot geht es endlich besser, nach langem Hin- und Herschwanken – und grade heut hat sie zum erstenmal nach einem Monat gesungen – in einer höchst glänzenden Matinee in der Tonhalle, mit Prinzessinnen, Fürstinnen und ähnlichem Gewürm. Es war großartig – besonders ein Schubertsches Lied – der „Doppelgänger" – Man bekommt dabei so ein leises Todesgeriesel im Rückenmark, das sich in kalten Entzückungstränen auflöst – das müssen Sie hören! Auch

Marianne Viardot

die Deconei, die nach London geht, und die Schröder sangen prächtig. - Der „Tiergarten" steht eben jetzt im schönsten Flor - physisch und moralisch: mein Schlößchen rückt gewaltig vor - und am 1. Oktober werd' Ich mich dort etablieren. Da ist ein Zimmer, welches die Kinder „Chambre de Pietsch" getauft haben. - Aber Sie kommen natürlich früher, im Sommer - und werden noch im Anblick der liebenswürdigen Mme Anstett schwelgen können.

Ihre beiden Artikel über G. Doré sind ganz vortrefflich - das nenn' Ich den Nagel auf den Kopf treffen - das ist die Wahrheit, was man auch jetzt sage. - Ich schicke sie Ihnen nächstens. - Es tut mir herzlich leid, daß Sie sich noch immer herumplagen müssen - aber von Krieg ist, glaub' Ich, keine Rede mehr - und die Furcht davor wird baldigst verschwinden mit all den üblen Folgen, von denen Sie schreiben. Was bleiben wird - ist dieser wirklich kolossale „entrechat" des Herrn v. Bismarck. So etwas ist wahrlich noch nicht vorgekommen; und wenn dieser Herr mit innerem Hohn und Ironie diese Taten vollbringt, so steckt in ihm ein mit Machiavelli durchkreuzter Aristophanes. Das wird hoffentlich dem vielbelobten suffrage universel den letzten Todes- - nein Backenstreich geben. - Hoffentlich hab' Ich gesagt? - Ach! die Menschen sehnen sich ja nach Backenstreichen. Sie geben ihnen - nämlich den Menschen - ein Gefühl von Realität.

Und was sagen Sie zu der Geschichte in Petersburg? - Da steht alles jetzt auf dem Kopf. - Die Rettung des Kaisers - (durch einen Bauern) - ist ein großes Glück für unser Land.

Und nun - auf Wiedersehen! - Grüßen Sie alle lieben Freunde - und Ihre Familie. -

Ihr getreuer I. Turgenjew

P. S. Der Roman bleibt liegen - aber Ich habe eine kleinere Novelle angefangen - die tröpfelt so leidlich.

Baden, Schillerstr. 277, den 17. Mai 1866

Mein lieber Pietsch,

Vielen Dank für Ihren guten Brief. Hier geht alles ziemlich gut - die Gesundheit der Frau Viardot ist vollkommen hergestellt -

nur ist das Wetter so kalt – und dabei diese entnervende Ungewißheit über Krieg und Frieden, dazu das wahrscheinliche Aufgeben der schon fest beschlossenen Wintersaison in Berlin und der abscheuliche Geldkursus in Rußland – die trüben Reflexionen über die Lage mancher Freunde – kurz – dies alles ist nicht derart, um einen im guten Humor zu behalten. Doch kann es sich noch wenden – und also – nicht den Kopf gleich gehängt! Leben muß man doch – und es ist nicht der Mühe wert, armselig und kleinlaut zu leben. –

Ich will gar nicht die Idee aufkommen lassen, Sie nicht bei mir diesen Sommer als Gast zu begrüßen; Mme Anstett – bedenken Sie – was würde die sagen? Es muß also geschehen – und wenn jeden Tag vier Schlachten geschlagen würden! – Warten Sie nur die echten schönen Sommertage ab!

Meine Arbeit geht ihren gewöhnlichen Schneckengang; auf Ihr Buch bin Ich sehr begierig. – Ihren Aufsatz (über Doré) – schick' Ich Ihnen nur dann – wenn Sie mir die detaillierte Adresse des bekannten Salbenverkäufers in Berlin zukommen lassen, die Salbe hat nämlich wieder wahre Wunder gewirkt – indem es ein Kind, dem die Hand seit einem Jahr ganz lahm geworden war – aus dem Grund kuriert hat. Vergessen Sie es nicht!

Viele Grüße allen lieben Freunden, von Menzel herab – und einen kräftigen Händedruck für Sie

Ihr I. Turgenjew

P. S. Am 22. dieses Monats geh' Ich auf 8 Tage nach Frankreich, zu meiner Tochter.

Baden-Baden, Schillerstr. 277, den 7. Juni 1866

Liebster Freund,

Ich schreibe in größter Eile und werde mich deswegen kurz fassen. – Also:

1) Mme Viardot (die zu unserem allgemeinen Leidwesen noch immer am Fuße kränkelt) – läßt Ihnen folgendes sagen: – Montag früh geht eine ihrer Schülerinnen, Fräulein Holmsen aus Norwegen, auf 2 Tage nach Berlin, um sich von Röder hören

Pauline Viardot

und engagieren zu lassen. – Sie ist wildfremd in Ihrer großen Spreestadt, und darum möchte Mme Viardot, Sie empfängen sie Dienstag früh am Bahnhof – (der Zug kommt um 8 Uhr an) – und stellten sich ihr zur Disposition. – Fräulein Holmsen ist groß, schlank, hat fahlblonde Haare, ein regelmäßiges nordisches Gesicht, gelblich-blassen Teint und wässerig-graue Augen, trägt einen grauen Mantel. Sie werden sie schon erkennen. – Man rechnet auf Ihre altbewährte und unwandelbare Liebenswürdigkeit. Fräulein Holmsen ist auch sonst ein gutes und ehrenwertes Mädchen mit einer sehr schönen Stimme.

2) Viel Dank für die Adresse des Wunderdoktors.

3) Vom 10. Juli an steht mein Haus Ihnen zur Disposition – und Frau Anstett öffnet Ihnen ihre „mütterlichen Arme".

Also auf baldiges Wiedersehen und die besten Grüße!

Ihr I. Turgenjew

Baden-Baden, Schillerstr. 277, den 5. Juli 1866

Mein lieber Freund,

Ich brauche Ihnen nicht zu sagen, wie Ich mich freuen würde, Sie zu sehen: aber Ich muß Sie bitten, Ihre Reise hierher auf einige Zeit aufzuschieben. Infolge der letzten Ereignisse hat sich die Stimmung hier zu einer Erbitterung gesteigert, die mich befürchten läßt, es könnte Ihnen etwas Unangenehmes passieren – besonders da die Bundesarmee (mit dem badischen Kontingent) wahrscheinlich in den nächsten Tagen mit den Preußen zusammenstoßen wird – und das Resultat schon jetzt vorhergesagt werden kann. – Ich glaube, es wäre ratsamer, die Lösung abzuwarten – die ohnehin – allem Anschein nach – nicht lange auf sich warten lassen wird. Jedenfalls kommen Sie jetzt nicht – wenn es möglich sein wird, schreibe Ich Ihnen unverzüglich. –

Madame Viardot geht es besser – aber der Fuß ist noch nicht ganz heil – und sie muß sich schonen; meine Gesundheit ist gut – und sonst steht alles leidlich – aber wir leben in wunderlichen Zeiten.

Auf baldiges Wiedersehen, hoffentlich –

Ihr I. Turgenjew

Baden-Baden, Schillerstr. 277, den 6. November 1866

Mein lieber Freund,

es ist unverzeihlich, daß Ich erst jetzt auf Ihren Brief antworte – aber was ist zu machen! – Viel Jagd, viel Faulenzerei, etwas Arbeit und ein paar verdrießliche Hauskorrespondenzen sind die Ursache meines Schweigens. – Nun aber ist's die höchste Zeit, daß Ich ein Lebenszeichen gebe. – Also:

a) Im Tiergarten steht alles gut – mit der Gesundheit der Frau Viardot geht es viel besser – und sie hat in der letzten Zeit einige reizenden Sachen komponiert.

b) Nach Berlin geht sie wahrscheinlich erst im Januar, um ein paar Monate da zu bleiben – nimmt auch nur die beiden Töchterchen mit.

c) Nach Berlin komme auch Ich im Anfang Februar – bleibe aber zwei, höchstens drei Wochen – da Ich eine längere Zeit in Rußland verweilen muß – als Ich es glaubte. Wir werden aber jede Nervenfaser anstrengen um diese 2, 3 Wochen so viel wie möglich und so gut wie möglich (das kommt eigentlich auf dasselbe heraus) zu leben. –

d) Der Taler ist Frau Anstett eingehändigt worden – sie läßt danken und grüßen – der Sie überhaupt der einzige Preuße sind, der bei ihr so ziemlich gut angeschrieben steht.

e) Die Vossische Zeitung wird von Fräulein Marx nicht mehr gehalten – habe also Ihre Beschreibung des festlichen Einzugs nicht lesen können, was Ich sehr bedaure, da Sie eine wahrhaft photographische Darstellungskraft besitzen – und das Ganze in schönen Gruppen hinstellen.

Grüßen Sie vielmals alle guten Berliner Freunde. Vielen Dank an Begas für sein Anerbieten – eine Büste der Mme Viardot von ihm wäre eine Herrlichkeit – was meinen Kopf betrifft – da mache er doch lieber eine Statue mehr – Photographie ist schon genug für Unsereinen.

Und nun leben Sie recht wohl und auf Wiedersehen.

Ihr I. Turgenjew

Tochter der Pauline Viardot

Baden-Baden, Schillerstr. 277, den 16. November 1866
Mein lieber Freund,

Ich habe Ihnen vielmals zu danken für Ihre freundliche Sendung zum 9. November. – Die Photographien sind höchst interessant und erregen lebhaft den Wunsch, die Originale sich einmal anzusehen – auch macht so ein Gruß aus weiter Ferne einen lieblichen, ja rührenden Eindruck. Also nochmals – Dank!

Ich schicke mit der heutigen Post ein Exemplar meiner Erzählungen an Begas. Daß es ihm Freude machen kann – macht auch mir viel Freude – es ist überhaupt sehr viel – und staunenswert – wenn ein Mensch in einem andern Menschen angenehme Erfindungen erregt. – Wie steht es mit seiner Arbeit? Ich habe die herrlichen Frauengestalten zu seiner Schillerstatue immer vor Augen. –

Im Tiergarten geht es, gottlob, ganz gut. Alles wächst und gedeiht, und die beiden Mädchen werden wirklich ganz reizend. Jetzt führen sie jeden Nachmittag pantomimische Tänze auf zur Musik, von Frau Viardot improvisiert. Da kommen prächtige Sachen vor – Claudie hatte sich gestern eine Art Turban von einem Antimacassar (wissen Sie – das Ding, das man auf die Fauteuil-Lehnen hängt) – gemacht – und sah aus wie eine junge, noch etwas wilde Göttin aus einer Mythologie der Zukunft. Das werden Sie alles – hoffentlich – in Berlin zu sehen bekommen. –

Ich drücke Ihnen herzlich die Hand und grüße Familie und Freunde.

I. Turgenjew

P. S. Da Ich Begas' Adresse nicht kenne, so gehen die Stücke auf die Ihrige ab.

St. Petersburg, den 14./2. April 1867, Sonntag
Liebster Freund,

Ich bin gestern aus Moskau hierher angekommen und finde Ihren herzlichen Brief. – Nur dies zur Antwort – daß Ich von Geschäften, Menschen etc. förmlich erdrückt bin: Ich reise übermorgen ab – und wenn nicht Besonderes geschieht – bin Ich Donnerstag früh in Berlin. – Haben Sie die Güte – gehen

Sie gleich nach Empfang dieses Briefs nach Hotel de Petersburg und bestellen Sie ein Zimmer für mich. – Donnerstag müssen Sie natürlich mit mir frühstücken. – Da werden wir uns ausplaudern. – Ich habe Ihnen manches zu erzählen. – Mit meinem Bein geht es immer noch nicht recht – und ans Jagen ist vorläufig gar nicht zu denken. –

Also – auf baldiges Wiedersehen! Viele Grüße der Familie und den Freunden. –

Ihr I. Turgenjew

Baden-Baden, Schillerstr. 277, Sonntag, den 21. April 1867

Nun bin Ich wieder hier, mein lieber Freund, und schaue vergnügt über den Rand meines Nestes in die Welt hinaus. – Kommen auch die Franzosen, verscheuchen werden sie mich nicht. Im Tiergarten geht alles gut, und läßt Sie grüßen. Frau Viardot sieht ganz gut aus – sogar Luises eisernes Gesicht hat einen weichen Zug bekommen. – Es sieht auch hier viel grüner und goldiger aus – als bei Euch in dem märkischen Sand. – Ich bin noch lahm, fange aber an, durch die Halle (?) zu humpeln. – Hiermit schicke Ich 2 Photographien dem liebenswürdigen Dr. J. Schmidt – er mag wählen, welche ihm besser gefällt. Man ist hier auf den Krieg gefaßt und sehr preußisch gesinnt. – Und man war doch so österreichisch im vorigen Jahr!

Ich drücke Ihnen herzlich die Hand und bitte alle Freunde bestens zu grüßen.

Ihr I. Turgenjew

Baden-Baden, Schillerstr. 7, Dienstag, den 11. Juni 1867

Mein lieber Freund,

Ihr Brief ist viel zu spät hierher gekommen und meine Antwort würde Sie nicht mehr in Berlin getroffen haben. – Ich schreibe also nach Paris – um Ihnen zu sagen – daß Ich Freitag, am 14., ebendahin abreise – und im Hotel Byron, Rue Lafitte, logieren werde. – Kommen Sie Sonnabend gegen

8½ Uhr morgens dahin – oder um 12 Uhr in das Russische Restaurant im Ausstellungsgelände. – Ich werde Ihnen dann alle erforderlichen Rekommandationen einhändigen.

Also auf baldiges Wiedersehen.

Ihr I. Turgenjew

Baden-Baden, Schillerstr. 7, Donnerstag, den 8. August 1867

Mein lieber Freund,

Sie müssen sich eine Idee felsenfest in den Kopf setzen: man hegt das wärmste Gefühl für Sie in Baden – und wenn man lange schweigt, so ist es ein bloßer Beweis von Faulheit oder von übermäßiger Tätigkeit. – Dieses Mal ist es die letzte Ursache: Mme V. hat zwei (reizende!) Operetten komponiert und Ich habe den Text – dazu geschrieben – und jetzt geht es auf eine dritte los. – Sie werden das alles sehen und hören – das Theater ist in meinem neuen Hause, das Ich natürlich nicht bewohne – wenn Sie nicht nach Baden kommen – so wird Ihnen ein Tutti-Fluch bis nach Berlin nachgehen – kommen Sie aber – so drücken wir Sie an unsere sämtliche Brust. Wohnen müssen Sie natürlich bei mir.

Alles geht gut hier; Mme V. ist gesund und läßt Sie vielmals grüßen. – Didie wird schöner mit jedem Tag – und Freund Verney sieht herrlich aus als Pacha Pignouf im zweiten Stück, das „Trop de femmes" heißt. – Désirée ist noch nicht angekommen – man erwartet sie aber täglich.

Viele Grüße – und auf baldiges Wiedersehen!

Ihr I. Turgenjew

Baden, Schillerstr. 7, den 20. Oktober 1867

Mein lieber Freund,

Diesmal schick' Ich Ihnen bloß die Photographien der Kinder – die Sie wünschen – übermorgen bekommen Sie einen großen Brief, wo Ich Ihnen manches erzählen werde. –

Vale et me ama

Ihr I. Turgenjew

Baden-Baden, Schillerstr. 7, den 26. Oktober 1867

Mein lieber Freund,

Ich habe auf zwei Briefe zu antworten – und werde es, der größeren Genauigkeit wegen, punct per punct tuen. Also:

1) Die beigelegte Photographie der Kinder in ganzer Gestalt und im Elfenkostüm mögen alle Fragen über Kleiderschnitt usw. beseitigen, und hoffe Ich, daß Sie sie gut anbringen werden.

2) Lesnards Profil wird zugleich geschickt. –

3) Ihre Kommissionen an Madame Viardot und an Frau Anstett habe Ich besorgt.

4) Auf der Post ist, meinem Wunsche gemäß, ein Laufzettel dem Briefe (dem verlorenen nämlich) nachgeschickt worden. Haben Sie aber das Geld – wenn nicht ganz vollständig bekommen – desto besser!

5) Die „Rigasche Zeitung" gibt die vollständige Übersetzung von „Rauch", und soweit Ich nach ein paar Feuilletons, die Ich gelesen habe, urteilen kann, scheint diese Übersetzung eine ziemlich gelungene zu sein.

6) Sie sind ein ganz abscheulicher Mensch mit Ihren Ideen über meine „Geringschätzung" (!!!) Ihrer Sachen! – Wenn Sie mir nicht gleich alles, was von Ihnen gedruckt ist in der letzten Zeit, zuschicken, so werd' Ich glauben – daß Sie ein koketter Mensch sind, der nach Komplimenten hascht – und werde es Ihnen überhaupt nie verzeihen.

7) Abeken hat Ihnen also von meinem Spiel erzählt ... Nun, dann brauch' Ich es nicht weiter zu detaillieren. Nur muß Ich gestehen, daß etwas in mir zuckte – als Ich als „Pacha" am Boden lag – und den leisen Ekel der kalten Verachtung um die unbeweglichen Lippen Ihrer hochmütigen Kronprinzessin langsam spielen sah! – Bei allem schwachen Respekt, den Ich überhaupt vor mir habe – kam mir die Sache doch ein bißchen zu bunt vor. – Bei alledem – sind doch diese Vorstellungen etwas ganz Gutes und Reizendes gewesen!

Viele Grüße allen Freunden von Menzel an und J. Schmidt. Ich drücke Ihnen und Ihrer ganzen Familie herzlich die Hände.

Ihr I. Turgenjew

Villa Viardot in Baden-Baden

Baden-Baden, Schillerstr. 7, den 2. Dezember 1867

Mein lieber Freund,

Ich habe Ihnen noch nicht meinen Dank abgestattet für Ihr hübsches Geschenk zum 9. November. – Ich habe seitdem die beiden Bände mit vielem Vergnügen durchgelesen. – Manches war mir neu und willkommen – wie z. B. – der ganze Artikel über die Berliner Bildhauer usw. – Sie sind ein Kolorist in Ihrem Stil und Ihr Urteil ist fein und treffend – nur, möcht' es mir dünken – nicht immer streng genug. Nochmals vielen Dank – und schicken Sie mir alles, was noch erscheinen sollte. – (Die Artikel in der Vossischen Zeitung hat Mme Viardot richtig bekommen.) Im Tiergarten geht alles gut; nur Ich habe wieder ein Malheur gehabt. – Vor drei Wochen hab' Ich auf der Jagd einen Fehltritt gemacht – und infolgedessen ist mir mein Knie geschwollen und Ich muß unbeweglich sitzen mit ausgestrecktem Fuß – und an die Jagd ist nicht mehr zu denken. Jeder Winter bringt mir ein derartiges angenehmes Angebinde – es ist wirklich zu miserabel! wie der Prinz von Hessen einstens sagte, als auf einer Treibjagd, zu der er uns eingeladen hatte, während des ganzen Morgens nur ein Hase sich von ferne sehen ließ. – Ich habe versucht zu arbeiten . . . es geht nicht. „Rauch" wird nächstens bei Hetzel in Paris erscheinen – Sie bekommen davon natürlich ein Exemplar und auch Julian Schmidt, den Ich bestens grüße sowie auch Menzel, Begas und alle andern Freunde. Ich lese viel jetzt in Freytags „Bildern Deutscher Vergangenheit". Da sind vortreffliche Sachen – wenn Sie ihn sehen, grüßen Sie ihn auch. Leben Sie wohl und auf Wiedersehen im März.

Ihr I. Turgenjew

P. S. Das „herbe" Lächeln Didies haben Sie hübsch bemerkt. Was die schön wird!

Baden-Baden, Schillerstr. 7, den 14. Januar 1868

Mein lieber Pietsch,

Vielen Dank für die schönen Photographien – auch Madame Anstett – die preußenfeindliche, aber zarte – läßt die Trompete ihres Herzens erklingen und grüßt und dankt vielmals. – Der Anfang Ihres Schreibens ist höchst trübe – doch schon Goethe hat gesagt – „sie entwickelte dem Trüben ein erklingend Farbenspiel" – wollen wir also das Beste hoffen. Daß Sie Referate über das Ballett schreiben werden – ist einer der Kapitalgedanken des Weltgeistes: lassen Sie, um Gottes willen, alle Ihre Paul de Saint Victorschen Raketen auffliegen – „wage du zu irren und zu träumen" – schrecken Sie vor keiner Wade zurück – vertiefen Sie sich in Ihr „sujet" – und lassen Sie mir das alles zukommen!! Hier geht alles so ziemlich. – Mein Knie hat sich gebessert und Ich bin schon ein paarmal auf der Jagd gewesen. – Auch die Arbeit hat wieder etwas angefangen. – Im Februar geh' Ich nach Paris und werde einige einzelne Exemplare der „Fumée" zurückbringen – und natürlich bekommen Sie eins und mein Gönner J. Schmidt auch eins. Apropos – sollte die Stahrsche russische Ausgabe erschienen sein – so schicken Sie mir gefälligst ein Exemplar. – Vergessen Sie es nicht.

Mme Viardot hat auf eine wahrhaft geniale Weise das „Vor Gericht" von Goethe komponiert! – Öffentlich wird es natürlich nie gesungen werden – aber Freunde werden einen schönen Genuß daran erleben. – Es geht ihr sonst ganz wohl – nur von Zeit zu Zeit diese... (Schluß fehlt)

Baden-Baden, Schillerstr. 7, den 11. März 1868

Mein lieber Freund,

Ich habe Ihnen vorgestern zwei Exemplare der „Fumée" geschickt – eins für Sie, das andere für J. Schmidt – lassen Sie mich wissen, ob Sie sie bekommen haben – und antworten Sie mir, ob Auerbach, Paul Heyse und G. Freytag, denen Ich auch „Fumée" schicken möchte, in Berlin sind oder wo? – Oder wenn sie nicht in Berlin sind, würden Sie dennoch die Gefälligkeit haben, die Exemplare ihnen zu expedieren? Dann würde Ich sie Ihnen schicken. Hier geht es endlich gut. Viardot ist auf dem Wege der entschiedenen Besserung. Mme Viardot ist genesen – die alte Bertha ist allein noch krank, aber das hat nicht viel zu

Maria Burd, Schülerin der Pauline Viardot

sagen. — „Frühling läßt sein blaues Band leise flattern durch die Lüfte" usw. — In fünf, sechs Tagen gehe Ich nach Paris (also Zeit haben Sie noch, um eine Antwort auf meine Frage zu geben) — bleibe aber dort nicht lange — vom 20. April an wohn' Ich in meinem neuen Hause.. à bon entendeur salut!

Viel Grüße allen Freunden und einen tüchtigen Händedruck Ihnen.

I. Turgenjew

Baden-Baden, Schillerstr. 7, den 19. März 1868

Lieber Freund,

Sie bekommen mit der heutigen Post drei Exemplare der „Fumée" — für Heyse, Auerbach und Freytag. Der Name steht in jedem Buch geschrieben. — Das Wort „Dank" in Heyses Exemplar bezieht sich darauf, daß er mir vor einigen Jahren ein Buch gewidmet hat und es mir nach Rußland geschickt. — Sagen Sie ihm das, wenn Sie ihn sehen. — Dem Auerbach mußte Ich auch wohl mein Buch schicken, da er mir alle seine Werke gegeben hat — und dem Freytag hat es mich gefreut, mein Buch zu geben, obwohl Ich ihn persönlich nicht kenne. — Entschuldigen Sie die Kommission, die Ich Ihnen aufbürde.

Sonst geht hier alles gut. Viardot ist hergestellt und wir arbeiten schon an unserer dritten Oper. Sonntag geh' Ich auf eine Woche nach Paris. Am 15. April ziehe Ich über — die Chambre de Pietsch ist schon jetzt fertig und erwartet ihren Bewohner.

Viel Grüße allen Freunden. — Leben Sie recht wohl.

Ihr I. Turgenjew

Baden-Baden, Tiergartenstr. 3, den 20. April 1868

Lieber Freund,

die obige Adresse besagt Ihnen, daß Ich endlich in das neue Haus eingezogen bin — und mich hier ganz wohl — nur ein bißchen zu grandios und „endimanché" fühle. Das wird sich schon geben. „La chambre de Pietsch" ist fix und fertig und erwartet den Bewohner. An der dritten Oper wird tüchtig gearbeitet —

vorgestern hatten wir schon die erste Repetition zweier Chöre. – Soviel man schon jetzt urteilen kann, wird dieses neue Werk – den „Dernier sorcier" weit überflügeln. – Eine Quelle der frischesten, süßesten Melodie hat sich förmlich in unserer Freundin Seele aufgetan – und es strömt ganz herrlich und frei. Sie werden das alles noch erleben – werden auch vielleicht als „stummer Gast" mitwirken müssen. –

Tausend Grüße allen guten Freunden, Menzel, Schmidt u. a. – (was macht Lessing, der hier ein sehr angenehmes Angedenken hinterlassen hat). Schmidts Literaturgeschichte ist meine Lieblingslektüre.

Grüßen Sie herzlich Frau und Familie – Ich drücke Ihnen kordialiter die Hand.

Ihr I. Turgenjew

Baden, Tiergartenstr. 3, den 27. Mai 1868

Victoria! lieber Pietsch! – Die erste Vorstellung der neuen Operette „L'ogre" – hat vor drei Tagen stattgefunden – in Gegenwart der Königin von Preußen – und der Erfolg ist ein glänzender gewesen. – Die Musik ist allerliebst, poetisch, schwungvoll: das ist wieder etwas anderes als „Krakamiche": – mehr Feuer und eine größere Mannigfaltigkeit. – Eckert akkompagnierte; Madame V. hat prachtvoll gesungen – alles ging gut und leicht. – Wir haben einen „pas oriental" im zweiten Akt, – „réglé par M. Beauval, maître de ballet du Théâtre Grand Ducal" – so stand es auf dem Programm – excusez du peu! Warum sind Sie nicht da gewesen? Pends-toi, brave Crillon!

In zwei Wochen – spätestens – komme Ich nach Berlin und bleibe zwei Tage. Da wird geplaudert! – Es freut mich, daß Fumée und auch mein kleiner Teufel im Lieutenant – Ihnen gefallen haben. – Die Hartmannsche Übersetzung der Fumée im Wochenblatt der Allgemeinen Zeitung – ist eine wahre Pracht – aber in Mitau hat man eine Separatausgabe gedruckt, zu der Ich leider die Autorisation gegeben habe – das ist das Grandioseste von ärgerlich borniertem Schweinerei! – Alles Lebendige unbarmherzig herausgemerzt – ein caput mortuum von Gemeinplätzen. Und

Turgenjew als „Oger"

das Schwein von einem Buch wird überall herumgeschickt und
ein Herr Eckart aus Leipzig schickt mir eine Rezension darüber.
Es ist zum Vomieren – und hat eigentlich nichts zu sagen. –
Auf baldiges Wiedersehen!
Ihr treuer I. Turgenjew

Berlin, Montag, den 17. Juni 1868
Mein lieber Freund,

Ich bin doch zu müde, um heut noch einen Ausflug zu machen –
und zweitens glaube Ich nicht, daß der heutige Tag ein dazu geneigter sei. – Eine neue Figur hat doch immer etwas Störendes in
solchen Momenten. Grüßen Sie bestens Menzel und versichern Sie
ihn meiner aufrichtigsten Teilnahme und Verehrung – grüßen Sie
zugleich Ihre Frau und Kinder – und kommen Sie, so schnell wie
möglich, nach Baden, wo man Sie mit Ungeduld erwarten wird.
Ihr ergebener I. Turgenjew

Baden-Baden, Tiergartenstr. 3, den 15. September 1868
Was machen Sie gutes, alter Freund? Hat Sie der Wirbelwind
Ihrer Berliner Tätigkeit so gepackt, daß Sie keine Zeit mehr
haben, an Baden zu denken? – Hier wird Ihr Name oft ausgesprochen. – Es geht sonst hier alles so ziemlich. Ich muß Ihnen
sagen, daß Ich vorgestern in Karlsruhe gewesen bin und Fräulein
Aglaia in den Hugenotten gesehen habe – und erklären muß –
daß seit der Valentine von Mme Viardot Ich nie etwas Ähnliches
gesehen habe – und daß die Glut der Leidenschaft (ja, ja!),
die tragische Kraft der Auffassung, der Adel des Gesanges,
jeder Bewegung, die sie namentlich im vierten Akt entwickelt
hat, mich in das größte Erstaunen versetzt haben. Charley, (?)
der mit uns war, hat erklärt, so etwas existiere gar nicht jetzt
auf der Bühne und er wird es im Athenäum verbatim wiederholen. Mit einer solchen Erscheinung verglichen, kann Désirée
kaum ein Lächeln erregen, das zwischen Mitleiden und Spott
schwankt. – Da muß man den Hut abziehen und sich verneigen
– und das hab' ich getan – desto williger, je weniger Ich

erwartet hatte. - Das ist eine wahre Künstlerin, die auch mit ihren Nerven - nicht mit dem bloßen Temperament oder gar Reflexion - spielt.

Grüßen Sie alle Freunde - und bitten Sie Schmidt, er möchte mir den Yergunoff zurückschicken, Ich brauche ihn.

Leben Sie wohl - und schicken Sie Fragmente aus der Vossischen Zeitung - und sonst.

Ihr I. Turgenjew

Baden-Baden, Tiergartenstr. 3, Donnerstag, den 8. Oktober 1868

Plagt Sie der Teufel, mein lieber Freund? Erlauben Sie mir, daß Ich Sie so anfahre! Was brauchten Sie mir die 45 Taler zu schicken? Ich hätte ganz gut noch lange, sehr lange warten können. - Sie werden auch in einer besonderen Schublade liegen um nötigenfalls wieder nach Berlin zu wandern.

In Baden gehen große Sachen vor! Und vor allem: Herr Anstett ist vor vier Tagen gestorben und seit vorgestern begraben - und Frau Mina Anstett geht in schwarzen Kleidern und ist Wittib! Sie hat mir mit der größten Plastizität erzählt - wie Ihr Mann die Seele aufgegeben hat - (da kamen die merkwürdigsten Nachahmungen des Röchelns, Gurgelns, Fuß- und Handausstreckens vor) - und wie der Ton der Säge, der bei der Autopsie in Anstetts Schädel drang - ihr durch Mark und Bein ging usw. Nun ist sie natürlich darauf gesinnt - ihr - d. h. ihres Mannes Testament zu verteidigen und Ich werde ihr ebenso natürlich als Hilfsgenosse und Chevalier d'honneur - sogar vor Gericht beistehen. Aber diese Onomatopöen! - Das Krachen der Bettstelle unter dem agonisierenden Gemahl war nicht vergessen - und auch jenes Faktum wurde hervorgehoben, daß - da wo die Doktoren Wasser suchten, sie Speck fanden! - Das Wort Speck! kam wie ein Pistolenschuß aus ihrem Munde: Ss pe - ckkk! Aber das alles - unter uns - nicht wahr?

Das andere große Faktum ist Auerbachs Anwesenheit in Baden! Ich habe ihm meine Vorrede übersetzen müssen - und seine geistreichen und tiefgehenden Bemerkungen darüber hören - und sie wird in der Presse erscheinen! (Ich habe nämlich das

Deutsche Original einfach kopiert.) Es kamen solche Äußerungen vor: „Sehen Sie, das da haben Sie mir auf das tiefste herausgefühlt – und das konnten eben nur Sie!" – Ich saß da mit einem Gänsegesicht und dachte nur: O wenn du wüßtest!! Silentium auch über das!

Sonst geht es hier sehr gut. – Das Libretto zur neuen Operette ist beinahe festgestellt – ein Chor schon geschrieben. Mit Viardot gehen wir oft auf die Jagd – meine Gicht ist verschwunden. König und Königin von Preußen sind hier – und sehr liebenswürdig. Mme Viardot hat in einer Matinee die Szene aus Alceste wie ein Gott gesungen.

Grüßen Sie Familie und Freunde bestens. Ich drücke Ihnen herzlich die Hand.

Ihr I. Turgenjew

Baden-Baden, Tiergartenstr. 3, Donnerstag, den 29. Oktober 1868

Mein lieber Freund,

Hier die Antworten auf Ihre Fragen:

1) Am 17. Oktober haben wir wieder eine solche Vorstellung gehabt wie am 17. Oktober vorigen Jahrs – und dasselbe Publikum: König und Königin von Preußen, Kronprinz und Kronprinzeß, Großherzog und Großherzogin von Baden etc.

2) Die Vorstellung fand statt in meinem Hause – das Theater wird erst – mit der gewohnten Badener Rapidität – im Frühjahr fertig.

3) Pohl hat kein Bericht über die Vorstellung geschrieben – da er von der Königin bei einer früheren Gelegenheit die Insinuation bekommen hatte – durch einen Kammerherr – ihr Aufenthalt in Baden möge nicht ins Licht der Publizität geschleppt werden.

4) Didies Name im Stück ist Naïna; Marianne heißt Graziella. – Aglaja sah sehr schön aus und sang sehr gut – der Erfolg war immens!

5) Das Libretto kann Ich schon deswegen nicht schicken, da wir übermorgen eine alleralleralletzte Vorstellung geben – und kein anderes Manuskript existiert.

6) Im Laufe der nächsten Woche siedelt Frau Viardot mit Familie nach Karlsruhe über: Ich komme dahin erst am 20. November und mache erst eine Reise nach Paris.

7) Die Frage über Fräulein Busse erledigt sich einfach so. Das Mädchen hat sich plötzlich – wie es so oft geht – entwickelt, macht enorme Fortschritte – und da sie zugleich eine der schönsten Stimmen besitzt, die es überhaupt gibt, so ist sie zu einer Hauptfavoritin der Matinees geworden. – Sie singt ein Lied von Fesca mit einem hohen as gegen das Ende – das man auf den Knien anhören muß.

Die Vorrede zu Auerbach soll jetzt in der Allgemeinen Augsburger erscheinen. Er ist sehr damit zufrieden – und zitiert jedesmal Passagen daraus. Hat auch mir eine Statuette seines Barfüßele (von Cauer – eine sehr schlechte, entre nous soit dit) – verehrt. – „Mein Liebchen" – nämlich Sie – „was willst du mehr?" – Ich fürchte mich aber schrecklich, daß die Sache doch herauskommt. – Aber dann werde Ich es mit einer Gemütsruhe verleugnen! – Das sag' Ich Ihnen im voraus.

J. Schmidts Aufsatz über mich – ist gewiß das beste, was man über meine Wenigkeit geschrieben hat – und Ich bin ihm recht dankbar.

Sonst geht hier alles gut. – Die Königin hat Mme Viardot ein sehr schönes Armband und Mr Viardot eine prachtvolle Vase verehrt – sie schwärmt auch für Didie – Abeken vergleicht ihre ganze Gestalt mit der Sakontalas.

Arbeiten Sie fleißig – und in der Richtung, wo mehr Geld zu verdienen ist – und leben Sie recht wohl. Viele Grüße an alle

Ihr I. Turgenjew

Karlsruhe, Hotel z. Erbprinz, Dienstag, den 1. Dezember 1868

Mein lieber Freund,

Tausend Dank für die wirklich ganz reizende Photographie. – Sie bekommen einen Rahmen und wird künftighin mein Zimmer schmücken.

Marianne Viardot

Ja, mein Freund, Ich bin 50 Jahr alt geworden – oder, wie Sie sich euphemistisch ausdrücken – Ich habe die erste Hälfte meines Jahrhunderts zurückgelegt, hoffe aber auch nicht einmal das Ende des künftigen – nächsten – Viertels zu sehen. – Übrigens weiß Ich ganz genau die Jahreszahl meines Todes: 1881 – Meine Mutter hat es mir vorausgesagt – in einem Traume – die selben Ziffern wie im Jahre der Geburt – 1818 – nur anders gestellt – ja, ja: ich sterbe ganz gewiß im Jahre 1881 – wenn es nicht früher – oder später – geschieht. Aber 50 ist eine schlimme Zahl! – Man muß sich resignieren.

Madame V. hat ein schönes Appartement bezogen – Lange Straße 235 – mit einem großen Salon, wo die Musik ganz prachtvoll klingt. Sie hat schon einmal in einer Soiree bei Freund Pohl gesungen – Arien von Schubert und Schumann (besonders die eine – „Sehnsucht" – man muß es hören!) – Lessing war da – der sieht aus wie ein österreichischer Major a. D. – Eine so herbe, derbe, stramme Gestalt – und ein so flaues, weiches, saftloses Talent! Es war da ein Maler – Hr. v. Breuer – der sprach mir viel von Riefstahl und anderen Berliner Künstlern – scheint aber selbst ein oberflächlicher – und nicht ganz gerader Hurluberlu (?) zu sein. Kennen Sie ihn? – Dem Woltmann bin Ich noch nicht begegnet – werde ihn aber natürlich mit offenen Armen empfangen – wie auch den Riefstahl. – Didie arbeitet sehr fleißig; sie hat mir zu meinem Geburtstag eine Kreuzabnahme gemacht – ein wahres Wunder! Das Kind hat mehr Imagination im Kopfe als 10 Lessings! Sonst geht alles gut; der arme Viardot altert aber sehr. Zum Glück ist Bertha in Baden geblieben!!

Ich werde doch meine düstere und häßliche Novelle übersetzen; in Petersburg hat es den Freunden gefallen.

Ich freue mich herzlich über Ihre Weimarischen Erfolge; – haben Sie acht – Sie werden noch geadelt und bekommen den Weißen Falken erster Klasse!

Die schlimmen Nachrichten, die Sie mir geben von Ihrer Frau Gesundheit haben mich betrübt; wollen wir hoffen, daß es sich etwas besser gestalten wird!

Sie werden Aglaja zum Gastspiel im Dezember haben – sie wohnt ja jetzt in Berlin – wenn man die Hugenotten gibt, gehen Sie doch hin!

Schreiben Sie mir hierher poste restante und grüßen Sie alle lieben Freunde – Menzel, Jul. Schmidt ganz besonders und seine Frau, die Eckerts – (Ich hoffe, daß Sie sie oft sehen – obschon Sie sie nicht erwähnen) – Begas und die andern.

Ich danke Ihnen nochmals und drücke Ihnen freundschaftlichst die Hand.

Ihr I. Turgenjew

Karlsruhe, Hotel Prinz Max, Dienstag, den 5. Januar 1869

Mein lieber Freund,

Beiliegend folgen 60 Gulden – soviel Ich mich erinnere – war das die in der Schublade deponierte Summe – Sie hätten Sie mir in Ihrem Briefe nennen sollen. – Wenn es mehr gewesen ist, schreiben Sie.

Hier geht es sonst ganz leidlich. Heute findet die erste musikalische Soiree bei Mme V. statt. Didie macht große Fortschritte und hat Zuneigung für ihren Lehrer gefaßt. – Täglich arbeitet sie 2 bis 3 Stunden im Atelier.

Was mich betrifft, so arbeite Ich leider sehr wenig – wird sich schon machen!

Der Name des Russen, der meine Arbeit so gelobt hat – ist wahrscheinlich Kawelin gewesen – denn Annenkoff ist in Petersburg und Khanikoff in Samarkand, wo er als Gouverneur und Nachfolger Tamerlans eine pompöse Rolle spielt. – Da er ein dickes Gesicht hat und sich wenig bewegt, so wird es ihm an orientalischer Würde nicht fehlen. – Meine Novelle erscheint dennoch im „Russischen Boten"; Interesse daran habe Ich nicht, da Mme V. sie für das Häßlichste erklärt hat, was Ich überhaupt geschrieben habe.

Wenn Ich Ihnen eine mir zugesandte – nach meinem Erachten sehr hölzerne – Übersetzung des „Yergunow" – mit dem französischen Text schickte – würden Sie wohl sich die Mühe geben zu vergleichen und zu korrigieren? – Viel Mühe brauchen Sie sich natürlich nicht zu geben.

Die Unterredung mit Auerbach ist ein schönes Stück Humor. Gewissensbisse hab' Ich nicht gefühlt: Ich bin ja, wie Sie wissen, sehr unmoralisch.

Viele Grüße allen guten Freunden ... Menzels Bild möchte Ich nur zu gern sehen! – Vergessen Sie meinen guten J. Schmidt nicht.

Ihr I. Turgenjew

Karlsruhe, Hotel Prinz Max, Freitag, den 15. Januar 1869

Mein lieber Freund,

... Dann fängt eine lange Geschichte an, die Ich möglichst verkürzen werde.

In der Stadt Riga gibt es einen lächerlichen Verleger, der absolut eine Ausgabe meiner „Ausgewählten Schriften" veranstalten will. – Er hatte die Idee mit „Vätern und Söhnen" anzufangen und hat sich deshalb an mich gewendet. Ich empfehle ihm eine Übersetzung jenes Romans, die in Stuttgart erschienen ist und die Ich nur vom Hörensagen als sehr gut kannte. Er bringt diese Übersetzung käuflich an sich – und schickt sie mir als gedrucktes Exemplar zur Revision – mit der Bitte, sie dann in eine Druckerei in Rudolstadt zu expedieren. – Ich fange an zu revidieren – und finde, daß die Übersetzung (aus dem Französischen natürlich) sehr mangelhaft ist. – Ich quäle mich ein Dutzend Kapitel hindurch – kann aber nicht weiter fortfahren – kenne auch den deutschen Stil zu wenig. – Sehen Sie meine Lage! Und Ich habe das Ding selbst rekommandiert!! Ich halte es nicht länger aus – und mache mein „mea culpa" dem tugendreichen uneigennützigen (denn was kann ihm so etwas einbringen?!!) Verleger – und mache ihm den Vorschlag: – das Exemplar zur Revision, Ihnen, Wertester, zu übersenden. – Er wird wahrscheinlich akzeptieren – und nun haben Sie einen Mühlstein am Hals. Zu schwarz will Ich aber die Geschichte nicht machen: Ich bin überzeugt, daß mit der blitzartigen

Schnelligkeit der Arbeit, mit der der gütige Himmel Sie gesegnet hat – Sie die Sache in 2 Tagen herumkriegen: es handelt sich nur darum, einen Vergleich mit der französischen – (vortrefflichen) Übersetzung durchzuführen – aber das kann Ich nicht – wie Schumann singt. Sollte der Rigaer Verleger – (C. Behre heißt das Ideal) sich an Sie wenden – so nennen Sie ihm Ihre Bedingungen – denn gratis pro Deo – oder pour le Roi de Prusse soll es nicht geschehen. – Zahlen dafür werde natürlich Ich – denn Ich bin ja der Schuldige – meine Rekommandation hat den Verleger dahin gebracht.

Antworten Sie in wenigen, aber gehaltvollen Worten – und empfangen Sie im voraus meinen Dank – (Sie können auch abschlagen – wenn Sie zu viel Arbeit haben – O Gott! o Gott! – warum will man mich übersetzen! Hab' Ich ja den Leuten nichts getan!).

Ich drücke Ihnen die Hand aufs herzlichste. – Grüße allen.

Ihr I. Turgenjew

Karlsruhe, Hotel Prinz Max, Mittwoch, den 3. Februar 1869

Lieber Freund,

ein Mischgefühl von Mitleid, Dankbarkeit und Bewunderung hat Ihr Brief in meiner Brust erregt! Ohne Spaß! – ein Mensch, so beschäftigt wie Sie, und dessen Zeit ihm selbst so wichtig ist – und diese peinliche, nervenhinundherzerrende Verbesserungsarbeit!! – Das ist ein riesiges Freundschaftszeugnis! – Um Sie einigermaßen dafür zu entschädigen, schicke Ich Ihnen beiliegend eine vor kurzem hier gemachte Photographie von Didie. Sagen Sie selbst, ob es ein süßeres, liebreizenderes Gesicht geben kann? Zeigen Sie es dem Menzel – es wird ihm viel Freude machen. –

Was die Übersetzung betrifft – haben Sie natürlich die vollständigste carte blanche! Sie können, wenn Sie wollen – Bazaroff die Frau Otintroff heiraten lassen; protestieren werd' Ich nicht! Im Gegenteil!

Lohengrin-Vorstellung in Baden-Baden

Bazaroff hat die Gewohnheit, sich verächtlich auszudrücken, und er nennt seinen alten Mantel – une loque – ein Fetzen – gebrauchen Sie welches Wort Sie wollen.

Können Sie mir den Artikel in der Breslauer Zeitung schicken? Tun Sie das; das würde uns alle hier sehr amüsieren.

Grüßen Sie Fräulein Raillard (?) – wenn Sie sie sehen – aufs freundlichste.

Leben Sie recht wohl – und verzeihen Sie mir die unwillkommene Bürde, die auf Ihre Schultern gefallen ist!

Viele Grüße allen Freunden

Ihr I. Turgenjew

Karlsruhe, Hotel Prinz Max, Donnerstag, den 12. Februar 1869

Lieber Pietsch!

Heute wird in Lapidarstil geschrieben – (wegen Mangel an Zeit)

1) Sie bekommen ein Dutzend Photographien (sie sind schon bestellt), auch von beiliegender.

2) Mme Viardot ist gestern nach Weimar abgereist – wo man am 8. April den „Dernier Sorcier" geben will – mit Liszts Instrumentation... (Silentium darüber).

3) Ich habe ihr heute alles geschrieben, was in Ihrem Briefe steht. –

4) Was die Übersetzung betrifft, so sind Sie ein Koloß und Ich krieche voll Demut zu Ihren Füßen. –

5) Leben Sie recht wohl und grüßen Sie alle Freunde!

I. Turgenjew

Karlsruhe, Hotel Prinz Max, Mittwoch, den 24. Februar 1869

Mein lieber Freund,

Ich werde auf Ihren Brief pünktlich und gewissenhaft antworten. Also:

1) Unsere Operette soll am 8. April gegeben werden. – Mme Viardot bleibt aber nicht bis dahin in Weimar – sondern sie

ist heute zurückgekehrt – nachdem sie in einer Zeit von zwölf Tagen alles Nötige getan hat. Der Großherzog, Liszt, Lassen und der Direktor haben sich voller Liebenswürdigkeit und Bereitwilligkeit erwiesen.

2) Dem Salon hab' Ich (leider!) allerdings eine kleine Novelle – inédite – versprochen; – meine Feigheit und Nachgiebigkeit sind, wie Sie wissen – grenzenlos – habe aber das erste Wort noch nicht geschrieben. – Wann es geschehen wird – weiß der liebe Himmel!

3) Sie sind ein Koloß von Geduld und Gutmütigkeit! – Ich hätte längst den „Berserker"[1] zu allen Teufeln fortgejagt! – Mit der Vorrede hat es folgende Bewandtnis. – Ich habe ihm ein paar Zeilen versprochen, in welchen Ich für die Übersetzung kaviere. Diese paar Zeilen finden Sie – „ci-joints"; geben Sie ihnen eine mehr deutsche Turnüre und schicken Sie sie in Gottes Namen nach Rudolstadt!

4) Ich wollte alle Ausgaben auf mich nehmen, da Ich in meiner Narrheit dem Berserker diese schmachvolle Übersetzung rekommandiert hatte, er sie vielleicht bezahlt hat und jetzt natürlich das Recht hat, jede weitere Kosten von sich zu weisen. Tut er es aber nicht – und fragt dennoch um Ihren Bedingungen – so lassen Sie sich Ihre Zeit bezahlen; ist es aber jetzt zu spät, so zahle natürlich Ich – denn „pour le Roi de Prusse" – müssen Sie, obschon ein guter und loyaler Untertan, nicht arbeiten. – Also: entweder Berserker oder Ich!! – Da Ich selbst gar nichts von ihm verlange, so können Sie Ihr Gewissen beruhigen. – Aber bezahlen muß man Sie und wenn die Erde darüber zugrunde ginge!!

5) Vier „volumes" hab' Ich von Paris für Julian Schmidt schon bekommen. – Es fehlen noch zwei; sobald Ich sie habe, geht alles nach Berlin ab.

6) Warum geben Sie mir so wenig Details über Virchows Rede und deren Veranlassung? Wie, wo, warum und was? – Ich muß

---

[1] Doch vermutlich der Verleger Conrad Behre in Mitau!

Désirée Artôt

alles wissen. — Das ist ja höchst interessant! — Kann man die Rede nicht haben?

Mir geht es gut und seit einer Woche habe Ich wieder angefangen — etwas weniger zu faulenzen. — Aber die Arbeit ist eine höchst fatale: Bruchstücke von literarischen Erinnerungen, in einer unheilvollen Stunde meinem Verleger versprochen! — Sobald Ich nicht mit Gestalten zu tun habe, bin Ich ganz verwirrt und weiß nicht — wo ein und aus. — Es kommt mir immer vor, als ob man jedesmal mit gleichem Recht das Entgegengesetzte behaupten könne — von alledem, was Ich sage. — Spreche Ich aber von einer roten Nase und blonden Haaren — so sind eben die Haare blond und die Nase rot — das läßt sich nicht hinwegreflektieren. Aber was hilft's! „Der Bien muß." —

Viele Grüße allen guten Freunden. Leben Sie recht wohl und munter! —

Ihr I. Turgenjew

P. S. Zum 8. April komme Ich nach Weimar; dann sehen wir uns wohl — da oder in Berlin.

Karlsruhe, Hotel Prinz Max, Sonntag, den 7. März 1869

„La illah il allah, Mohammed, rezul akkah!" — Endlich haben Sie diese Bürde von Ihren Schultern weg, liebster Freund — und Ich gratuliere herzlich!

Der Berserker muß 2 Taler pro Bogen wenigstens zahlen — und wenn er es nicht tut, so brechen wir jedes Verhältnis mit ihm ab ... aber er wird zahlen!

Ihre Abwesenheit am 8. April wird uns sehr empfindlich sein — aber Ich wäre ein zu großer Egoist, wenn Ich Ihnen diese unerwartete und interessante Reise nicht gönnen wollte! Also — wenn es sonst geht — meinen Segen haben Sie und die besten Wünsche!

Wie können Sie glauben, daß Ich eine Novelle in irgend einer anderen Sprache als die meinige — die russische — schreiben werde? Ich schicke sie an Rodenberg und er muß für die

Übersetzung sorgen. Aber wann schicke Ich sie? Wissen Sie es vielleicht? Ich nicht.

Hier geht alles recht gut. Claudie macht reißende Fortschritte. Frau Viardot ist frohen Mutes und arbeitet viel. Ich quäle mich mit meinen „Erinnerungen" ab; die sind aber nicht für das außerrussische Publikum.

Ich schreibe heut fürchterlich – fast so unleserlich wie Sie: meine Hände frieren ganz unausstehlich.

Viele Grüße allen Freunden. Ich drücke Ihnen die Hand so fest Ich kann mit meinen erstarrten Fingern. –

Ihr I. Turgenjew

Karlsruhe, Sonntag, den 14. März 1869 (Hotel Prinz Max)

Pietschius amabilis, grandiflorus semper virens – (wie es in der Botanik heißt) – hier – mit affenartiger Schnelligkeit – die Antwort auf Ihren Brief:

1) Mme Viardot kommt am 30. dieses Monats nach Weimar – Ich am 4. April; Sie reisen ab, schreiben Sie, am „(?)." April. Was will aber dieses wunderliche, weder arabische noch römische Zeichen heißen? – Wir wollen hoffen, daß der so bezeichnete Tag spät genug im April vorkommt – und eine entrevue möglich sein wird.

2) Das Mißverständnis wegen der Photographie habe Ich mit Ihren eigenen Worten – „ipsissimis verbis" – der Mme Viardot auseinandergelegt – und somit ist es beseitigt.

3) Der „Berserker" hat augenscheinlich mehr Literaturkrätze (eine in einem Verleger nie genug zu beherzigende Krankheit!) als Kenntnisse. – Der „Yergunoff" ist ein ganzes Jahr früher als in der Revue des Deux Mondes – in einer russischen Revue russisch erschienen. Ich wiederhole es: kein gedrucktes Wort von mir ist in einer anderen Sprache geschrieben worden. –

Ich gehe morgen nach Baden – und schicke Ihnen den französischen Text des „Yergunoff". – Ich werde zugleich dem Berserker schreiben – für das zweite Bändchen nicht meine neue Novelle zu wählen – sondern Rudin oder Antschar –

und natürlich Ihnen die Übersetzung aufzutragen. – Aber wir wollen erst die 50-Taler-Frage abwarten. –

4) „Sentiment factice" kann anders nicht übersetzt werden, soviel Ich weiß. – Im Russischen steht ein Epitethon, das wörtlich folgendes heißt: „ein über sich, man weiß nicht wie und warum, ergehen gelassenes Gefühl". – Und das alles steckt in dem einzigen Wörtchen: napusaknoi. Aber darum sind wir auch Barbaren!

Viele Grüße Ihrer Frau und allen Freunden. – Ich drücke Ihnen die Hand.

Ihr I. Turgenjew

Karlsruhe, Hotel Prinz Max, Dienstag, den 16. März 1869

Lieber Pietsch!

Der Berserker schnaubt und schreit nach Übersetzungen. Der Unglückliche denkt schon an den 2. Teil! – und somit schicke Ich Ihnen den französischen „Yergunoff". – Verlieren Sie aber das Exemplar nicht – Ich habe kein anderes. –

Ich wünsche Ihnen Geduld und Gesundheit – und auf Wiedersehn!

I. Turgenjew

Karlsruhe, Hotel Prinz Max, Sonnabend, den 20. März 1869

Lieber Pietsch!

Das Stummwerden des Berserkers ist allerdings bedenklich! Ich rate folgendes: Fragen Sie ihn in meinem Namen, ob er den süßen Übersetzungstext an sich käuflich gebracht hat? Dann muß Ich, der ihm diesen Text rekommandiert hatte (!!), natürlich zahlen und werde es auch tun.

Sie haben mich nicht verstanden: das fragliche Wort – napussknoi – heißt nicht: was über uns unwillkürlich ergangen ist – (wie die Cholera oder sonst was) – sondern: was man über sich willkürlich, aber ohne Grund ergehen ließ – und somit ist das Wort – factice oder gemacht – doch das geeignetste. –

Ich erwarte mit vieler Neugierde den „Septemberabend".

Frau Anstett als wohlhabende und unabhängige Witwe genießt ihrer Freiheit; macht Ausflüge und ist überhaupt in der besten Laune. –

Also den 8. April reisen Sie ab? – Das ist fatal! Ich muß Sie aber vor Ihrer Abreise sehen. –

Tausend Grüße von

Ihrem I. Turgenjew

P. S. Eben, als Ich den Brief schließen will, bringt man mir den „Septemberabend" – Ich kann nur O! O! O! – sagen – aber nicht in demselben Sinne wie Lady Macbeth. Heute abend wird es kollegialiter gelesen.

Baden-Baden, Tiergartenstr. 3, Dienstag, den 1. Juni 1869

Lieber Pietsch,

Ich habe gestern drei Exemplare meiner eben erschienenen „Nouvelles Moscovites" auf Ihre Adresse per Fahrpost abgeschickt – einen für Sie, den andern für Schmidt, den dritten für Freytag. Für Sie ist eigentlich nichts Neues da: aber Sie müssen alle meine Sachen haben. –

Eben hab' Ich den letzten Korrekturbogen des „Yergunoff" durchgelesen – alles vortrefflich – nur drei Fehler kamen vor. Une cuiller en vermeil – heißt nicht: hochroter Löffel – sondern silberner und vergoldeter..., – soldats chevronnés – heißt nicht: närrische Soldaten, sondern Soldaten mit den goldenen Dreiecken auf dem Arm – wie es die Unteroffiziere haben, ausgediente Soldaten; il n'y a pas que les méchants qui tuent – heißt nicht: nur die Bösen töten – sondern: nicht nur die Bösen töten. – Ich habe das alles verbessert und sage es Ihnen bloß „pour votre gouverne".

Wir arbeiten schon an der neuen Oper für das hiesige Theater: Ende dieses Monats wird vielleicht die erste Vorstellung stattfinden – wenn alles gut geht.

Das Wetter ist hundsmäßig schlecht. Gesundheit – gut.

Seit ein paar Tagen haben wir die Vossische; – aber keine Reisebriefe! Schicken Sie sie doch – wenn's möglich ist.

Tausend Grüße allen Freunden und Ihnen

Ihr I. Turgenjew

Baden-Baden, Tiergartenstraße 3, Donnerstag, den 8. Juni 1869

Lieber Pietsch,

Ich will mich auf die Höhe des 19. Jahrhunderts stellen – und „misérablement" – um eine Reklame betteln. – Leihen Sie mir ein willig Ohr!

Sie schreiben mir – Sie müssen Rezensionen über „Väter und Söhne" machen. Gut! – Machen Sie die eine kühl und streng – drücken Sie aber darin Ihre Befremdung und Verwunderung darüber aus – daß Bazaroffs Figur von der jungen Generation Rußlands als eine beleidigende Karikatur, als ein verleumderisches Pamphlet aufgefaßt wurde. Zeigen Sie vielmehr, daß Ich den ganzen Kerl viel zu heldenhaft – idealistisch aufgefaßt habe – (was auch wahr ist) – und daß die russische Jugend eine viel zu sensible Epidermis besitzt. – Ich wurde nämlich – (und werde es noch) – für den Bazaroff mit so viel Kot und Dreck beworfen – so viel Schmähungen, Schimpfnamen sind auf mein allen Höllengeistern geweihtes Haupt gehäuft worden – (Vidocq, für Geld gekaufter Judas, Dummkopf, Esel, Giftkröte, Spucknapf – war das wenigste, was man von mir sagte) – daß es mir eine Befriedigung wäre, zu zeigen – anderen Nationen käme die Sache gar nicht so vor. – Ich wage es, um diese Reklame zu bitten – da sie mit der striktesten Wahrheit konkordiert und gewiß nichts Ihrer Überzeugung Widersprechendes hat. – Sonst würde Ich natürlich Sie darum nicht inkommodieren. Wenn Sie meine Bitte erfüllen wollen, so tuen Sie es schnell – damit Ich die Übersetzung davon – der Hauptpassagen – als Beilage zu meinen bald erscheinenden literarischen Erinnerungen hinzufügen kann.

Dixi et animam meam salvavi! Frau Viardot liegt seit gestern im Bett; sie hat sich erkältet – es ist aber – gottlob – nichts Gefährliches.

Viele Grüße allen Freunden und leben Sie recht wohl.

Ihr I. Turgenjew

P. S. Und die „Feuilletons"?

Baden-Baden, Tiergartenstraße 3, Montag, den 21. Juni 1869

Mein lieber Freund,

Vielen Dank für die schnelle Erfüllung meines Gesuchs: der Artikel in der Vossischen Zeitung ist tausendmal zu schön – die betreffende Stelle habe Ich schon benutzt. – Die Stangenschen „Feuilletons" haben wir mit viel Vergnügen gelesen; eine größere Kondensation wäre wünschenswert gewesen – mais vous n'avez pas eu le temps d'être plus bref. Gestern war nach langer Unterbrechung endlich zum erstenmal eine Matinee gegeben; die Königin kam und sprach von Ihnen und von Ihren Feuilletons; sie wünscht sie zu lesen – aber da müssen Sie die Fortsetzung schicken; denn erstens obschon man jetzt die Vossische Zeitung im Lesekabinett hat – mitnehmen darf man sie nicht, und zweitens sie wird so beschmutzt und riecht so stark nach Menschenhänden, daß man – wenn man sie auch bekommen könnte – eine königliche Nase damit nicht zu beleidigen wagt. – Also frisch die Fortsetzung – und schwelgen Sie im Gedanken, von (Königin) Augusta gelesen zu werden!! –

Wann kommen Sie hierher? – Wir arbeiten an der Operette – die erste Vorstellung wird kaum vor dem 5. August möglich sein; ja, man kann den 10. August als den Tag schon jetzt mit Sicherheit bezeichnen. Also à bon entendeur salut! –

Viele Grüße allen Freunden und Ihrer Familie. – Die Korrekturen des 2. Bändchens sind beendigt; der Berserker spricht schon vom 3., ja, vom 4.!!! – Das ist doch ein Prachtexemplar! Sie brauchen sich nicht wegen der mikroskopischen Schnitzer im Yergunoff Gewissensbisse zu machen: sie sind ja schon ausgemerzt.

Also auf Wiedersehen!   Ihr I. Turgenjew

Weimar, Sonntag, den 26. Dezember (1869), Hotel de Russie

Liebe Frau Pietsch,

Ich komme morgen früh nach Berlin; – wenn Ihr orientalischer Pilgrim, der ewigjunge Ludwig Pietsch, schon zurückgekehrt ist, so sagen Sie ihm, es wird mich sehr freuen, morgen

Musikalische Matinee im Hause Viardot

mit ihm um 11 Uhr zu frühstücken – im Hotel de Petersbourg – wie gewöhnlich. – Jedenfalls auf baldiges Wiedersehen!

Ihr ergebener I. Turgenjew

Baden-Baden, Tiergartenstraße 3, Mittwoch, den 5. Januar 1870

Liebe Frau Pietsch,

Eben erhalte Ich von Ihrem Mann einen langen und interessanten Brief vom 15. Dez. – datiert: 130 Meilen südlich von Kairo – und später: Luxor. Er war auf der Rückreise begriffen und gedachte, wie er sagt: „möglichst schnell und ohne Aufenthalt übers Meer nach Brindisi und im Fluge durch Italien zur lange entbehrten Heimat zurückzueilen". –

Ich weiß, daß Sie ihn zum Silvesterabend erwarteten: ist er wirklich an dem Tage – oder etwas später – angekommen – und ist er in Berlin? Wenn es dem so ist, sagen Sie ihm, er soll mir nur ein paar Zeilen schreiben; wo nicht, schreiben Sie mir. – Ich hoffe aber, daß er jetzt im Schoße seiner Familie sich befindet – und so kann Ich Ihnen zu seiner Zurückkunft – ihm zu allen den herrlichen Genüssen, von denen er mir schreibt, und zu seinem jetzigen Behagen Glück wünschen.

Ich bin hieher ganz unversehrt angekommen – und habe die Familie Viardot im besten Wohlsein angetroffen. Sie vergessen nicht Ihr Versprechen, nach Baden zu kommen? – Unterdessen drücke Ich Ihnen allen die Hände und bleibe

Ihr ergebener I. Turgenjew

Weimar, Hotel de Russie, Donnerstag, den 17. Februar 1870

Mein lieber Freund,

hier haben Sie die absolute Wahrheit über die Karlsruher Geschichte, wie Sie sie nennen. – Zum Mangel an Erfolg unserer Operette (denn ein „Fiasko" war es bei weitem nicht, auch habe Ich kein Zischen gehört – nur gerufen wurde niemand und der Applaus war spärlich) – haben – um in der neuen bismarckischen Sprache zu reden – folgende Faktoren mitgewirkt:

feindliche Gesinnung des alten Devrient, über dessen Direktion Mme Viardot und Ich kein Blatt vor den Mund nahmen – neidisches Gefühl des übrigen Theaterpersonals, Hausers besonders als Gesanglehrers – Mißstimmung darüber, daß Mme Viardot sich den ganzen vorigen Winter fern von ihnen gehalten, Eifersucht auf die Gunstbezeugungen des Hofes, oppositionelle Gewohnheiten gegen den Großherzog, der die Sache eigentlich durchgesetzt hatte – und besonders verächtliche Geringschätzung der Fremden und ihrer Anmaßungen – das waren die Hauptursachen der „Carlsruher Geschichte", wie Sie es nennen. Zum Glück hat sich die eigentliche Wut gegen mein unglückliches Libretto gewendet – die „Badische Landeszeitung" hat sogar behauptet, von der Musik wäre manches Gute zu sagen – aber der Text wäre eine zu große Schweinerei. – Im „Badischen Beobachter" wurde Ich mit runden Worten als „Unsinn schmierender Barbar" gebrandmarkt. – Setzen Sie noch dazu die Cancans einer kleinen, auf Geld verpichten Stadt – man hatte das Gerücht verbreitet – Frau Viardot bekäme für jeden Abend 400 Gulden – Ich 200 und Richard Pohl – Ihr Freund – 100! Denken Sie sich die Entrüstung!!! Ein kunstliebender Offizier schrie auf offener Straße – „für solches schwere Geld hätte man den besten Tenor (?) haben können – und man brauche wahrlich nicht, einem aus seinem eigenen Lande und Literatur mit Fußtritten in den Hinteren herausgeworfenen Skribenten – solche große Summen, die gewiß sein ganzes jährliches Honorar bei weitem überträfen, in die hungrigen Zähne zu schieben..." Textuel. – Ja, mein lieber Freund, in Baden stehe Ich jetzt ganz auf derselben Stufe wie im Vaterlande. – Ich brauche Ihnen nicht zu sagen, daß wir natürlich keinen Kreuzer beansprucht und bekommen hatten. – Aber Ich wiederhole es: glücklicherweise fiel der Hauptschlag auf mich: und Ich kann schon vieles vertragen.

Es tut uns sehr leid, daß Sie nicht hierher kommen können – über den Ausflug nach Berlin kann Ich noch nichts Bestimmtes sagen: in zehn Tagen – (am Sonntag) – wird der „Orpheus" gegeben. – Und dann sind wir noch alle so schmählich eingefroren – daß wir an gar nichts anderes als an die kärgliche

Désirée Artôt

Erwärmung unserer Leiber denken können. – NB. – Die Kälte in den Zimmern ist seit der Milderung der Temperatur bedeutend größer geworden.
Claudia hat einen Lehrer in dem Maler Verlat bekommen.
Grüßen Sie die Berliner Freunde und bleiben Sie dem „Unsinn schmierenden Barbaren" gewogen.

I. Turgenjew

P. S. Wenn Sie Auerbach sehen, sagen Sie ihm, Ich hätte seine Bitte erfüllt – und mein Autograph (!!! risum teneatis, amici!) an Herrn Lewald abgeschickt.

Weimar, Hotel de Russie, Sonntag, den 17. Februar 1870

Lieber Pietsch –

die ganze Familie ist hier, seit einigen Tagen – und friert! Friert ganz erbärmlich! Die Kälte ist schneidend – die Häuser in Weimar sind aus alten Kartonbogen gebaut und mit altem Speichel karg zusammengekittet – in meinem Zimmer kann Ich, trotz rasender, anhaltender Heizung, nicht über 7 Grad bekommen! Nachts friert das Wasser in den Gläsern und Ich erwache mit Eiszapfen am Bart. Der einzige Gedanke – ist Feuer, Feuer, Wärme! Alles läuft mit Holz und Kohlen herum – die Hände sind schmutzig und geborsten, die Nasen rot und feucht – alle haben den Schnupfen, Husten, sprechen mit rauhen, tiefen Baßstimmen – Alle tragen alle ihre Sachen auf einmal auf dem Leib – sehen sich mit stieren, verglasten Blicken an – und die Idee, in derselben Stadt zu wohnen, wo das edle Dichterpaar wirkte – hat absolut keinen Wert und übt nicht den mindesten Einfluß auf das Gemüt! Ja, man fühlt sich zur Vermutung geneigt, die beiden dicken bronzenen Herren da vor dem Theater können wohl durch ihre Metallität die Kälte noch vergrößern – und ein geheimer Ingrimm überschleicht das Herz! – Eine Ursache mehr – dem Goethe sein Übersiedeln nach Weimar nicht zu verzeihen! – An keine Arbeit ist natürlich nicht zu denken! – Meine pia mater ist zugefroren und das bißchen Imagination, das noch schwach glimmte, ist mit einem heiser-leisen Knistern pschtt! auf ewig erloschen. – Auf meinem Olymp herrschen jetzt nur Jupiter-Husten – Juno-Halsbräune, Apollo-Schnupfen – und Venus-Bronchitis! Amor ist ein kleiner Eisbär – und macht Purzelbäume im Schnee!

„Horrible, horrible, most horrible!" – Nun kann Ich Ihnen nur noch sagen, daß die ganze Familie Sie herzlich grüßt. – Ich auch natürlich. Eine Idee: Wenn Sie nach Weimar kämen, würde vielleicht nach dem homöopathischen Grundsatz – similia similibus – die Kälte weichen – da Sie ja der eingefleischte Schnupfen sind! Jedenfalls würden wir das bißchen Lebenswärme, das in uns noch bleibt, zusammenraffen – um Sie zu bewillkommnen. In diesem Moment hustet sogar das kleine Hündchen, Mimi!...

Geh, halb erfrorner Brief, aus dem kalten Loch Weimar in das noch kältere – aber viel größere – Loch Berlin – und gib einen schwachen Begriff von unseren Leiden! – Kaum noch urteilsfähig, grüße Ich doch Ihre Familie, Menzel, Schmidt, Eckerts, Auerb.... Hier bin Ich wie ein Klumpen Eis umgefallen. – Adje!

Ihr I. Turgenjew

P. S. Dohm allein friert nicht! Wenn es über 25 Grad Kälte gibt, dann nimmt er einen kleinen Spazierstock in die Hand – und schwitzt!

P. S. S. Seit dem Anfange des Briefs habe Ich einen Hexenschuß bekommen!

P. S. S. S. Machen Sie den Brief nicht in einer zu warmen Stube auf, – sonst schmilzt er augenblicklich!!

Weimar, Hotel de Russie, Sonnabend, den 26. Februar 1870

Pietschissimo carissimo,

Ich habe eine Bitte an Sie. – Nämlich Ich habe an Herrn Otto Lewald, Rechtsanwalt, Wilhelmstraße 82 – ein Autograph (!?!!) geschickt, wo Ich drei Goethesche Verse zitiere und zwei

Fehler mache! Das ist mir unangenehm – man könnte glauben, Ich wäre nicht goethefest. Nämlich: Ich habe geschrieben: „Greift nur **hinaus** (anstatt **hinein**) ins volle usw. – und nicht **jedem** (anstatt: nicht **vielem**)." Fußfällig bitte Ich Sie, gehen Sie zu diesem Rechtsanwalt und geben Sie ihm beiliegendes Autograph (!?!!) und nehmen Sie das andere – und wischen Sie sich damit den Podex, hätt' Ich gesagt, wenn nur das Papier nicht so hart wäre. –

Bis jetzt geht es ganz gut in Weimar (auch hab' Ich jetzt ein warmes Zimmer) – Alle sind sehr liebenswürdig und zuvorkommend – (vom Theater schon gar nicht zu reden). – Ich hoffe, Ihre bösen Ahnungen werden nicht in Erfüllung gehen.

Grüßen Sie alle Freunde, Ich drücke Ihnen die Hand und wünsche das Beste.

Ihr I. Turgenjew

P. S. „Orpheus" wird Sonntag über 8 Tage gegeben, am 3. März singt Frau Viardot in einem Konzert in Jena.

Weimar, Hotel de Russie, den 16. April 1870, Sonnabend

Mein lieber Freund,

der Berserker wütet wieder! Jetzt will er das 4. Bändchen mit „Am Vorabend" erscheinen lassen – und schreibt mir, in 14 Tagen ginge das Manuskript in die Druckerei. Das Manuskript habe Ich durchgelesen – und mehr als 300 Fehler notdürftig verbessert. – Die Korrektur halten kann Ich aber schlechterdings nicht – da Ich Anfang Mai abreise – und erst Ende Juli zurückkehre. – Wollen Sie es tun? (Für Geld natürlich!) – Können Sie es tun? – Vielleicht haben Sie wieder irgendeine Stangensche oder andere Reise vor. – Ich hätte natürlich Sie allen anderen vorgezogen; erstens haben Sie – soviel Ich weiß – eine französische – (sehr gelungene) Übersetzung (unter dem Namen „Elena" in den „Nouvelles Scènes de la vie Russe") – zur Vergleichung in Ihren Händen; zweitens – kennen Sie, aus langjähriger Erfahrung – „wie Ich liege und wie Ich meine Klinge führe". - Antworten Sie kurz und bündig - und schnell; denn der Berserker ist wild und schnaubt! Glauben Sie - daß, wenn Sie nicht können, Ich bei Dohm anfragen kann?

Sie haben uns Frau Viardot ganz erkältet zurückgeschickt; sie hat eine starke Grippe gehabt, hat fürchterlich gehustet und erst seit ein paar Tagen geht es ihr besser. - Sie wird wahrscheinlich morgen im Konzert singen und später den Prophet. Sonst geht alles hier so ziemlich. Liszt ist hier - und hat schon pas mal herumkokettiert. - Bei alledem ist es doch eine merkwürdige Erscheinung - und da er Frau Viardot wirklich sehr liebt - so liebe Ich auch ihn.

Ich habe eine Novelle beendigt, die auf mich in ihrer Brutalität den Eindruck eines großen Arsches macht - nicht eines Rubens'schen mit geröteten Backen, nein - eines ganz gewöhnlichen, feist-blassen russischen Arsches. - Ich fürchte, Frau Viardot wird bei der 10. Seite aufstehen und fortgehen. - Ich habe das Zeug ihr noch nicht vorgelesen. -

Also eine Antwort, die Ich dem Berserker gleich mitteilen kann!

Grüßen Sie Frau und Familie und alle guten Freunde. - Ich drücke Ihnen herzlich die Hand.

Ihr I. Turgenjew

P. S. Die scheußlichen „Meistersinger" scheinen am Ende doch gesiegt zu haben. - Priap - Eunuchos - (Wagner) kann sich die Hände reiben.

P. S. S. Wenn Sie mal an Storm schreiben, fragen Sie ihn, ob er meine letzte Sendung - (das 3. Bändchen) bekommen hat?

Weimar, Hotel de Russie, den 22. April 1870

Bester Freund und Gönner -

„Am Vorabend" - erscheint - nach einem Briefe vom Berserker - erst im September - also haben wir bis dahin noch lange Zeit. - Ich hatte seine Worte mißverstanden.

Hier ist mein Lebensplan:

Bis zum 10. Mai – hier.
Vom 10. bis zum 15. – Reise nach Baden.
15. u. 16. – Berlin und Pietsch.
16. Mai bis 16. Juli – Rußland, Petersburg, Moskau, Orel usw.
17. Juli – Berlin und Pietsch (wenn er nämlich da ist).
18. Juli (Frau Viardots Geburtstag) wieder in Baden – auf unbestimmte Zeit.

Ich freue mich sehr auf Ihre „Reiseeindrücke": das wird ein pittoreskes hübsches Buch geben. –

Grüßen Sie alle guten Freunde. – Ist J. Schmidts Buch schon erschienen?

Hier geht alles sehr gut. Morgen gibt Frau Viardot eine glänzende Matinee – mit allen Honneurs – (Liszt etc.). Man hat hier eine Symphonie von Raff, die herrlich, und eine Oper, die langweilig ist – gegeben. –

Die Eckerts beobachten ein tiefes Schweigen. Ich glaube – aus dem Zauberer wird nichts – und wir kommen nicht nach Berlin.

Auf baldiges Wiedersehen jedenfalls!

Ihr getreuer I. Turgenjew

Baden-Baden, Tiergartenstraße 3, Freitag, den 9. September 1870

Lieber Freund Pietsch,

Das sind keine Ereignisse mehr, das sind Donnerschläge, die aufeinander folgen – man hat kaum Zeit zu atmen – man ist ganz betäubt! – Kaiser gefangen, 100000 Franzosen gefangen, Republik! – vielleicht in wenigen Tagen Paris eingenommen und Ludwig Pietsch im Triumph durch den Arc de l'Etoile hereinziehend und mit seiner lorbeer- und sieggekrönten Stirn die Sterne am Himmel wegfegend. – Was noch?!!

Wir leben hier in atemloser Erwartung. Das erste Briefchen vom Wörther Schlachtfeld ist, obgleich verspätet, doch richtig angekommen. – Anfang August war man hier sehr auf dem „qui vive": – alles war gepackt, um flugs nach Wildbad zu reisen –

wenn die Turkos über den Rhein gekommen wären. – Jetzt sind wir schon längst wieder ruhig. –

Die ganze Familie Viardot ist gesund und wohl. Man arbeitet für die Verwundeten, man musiziert, man macht Lektüre – und so vergehen die Stunden. – Der Sturz des Kaiserreichs war eine hohe Befriedigung für den armen Viardot, jetzt blutet sein Herz allerdings – aber er sieht wohl ein, daß alles dies eine von Frankreich wohlverdiente Strafe ist. Was mich betrifft – so bin Ich, wie Sie wohl wissen, ganz und gar deutsch – schon darum, weil der Sieg Frankreichs der Freiheit Untergang gewesen wäre – nur hätten sie Straßburg nicht verbrennen müssen. – Das war höchst ungeschickt und zweckwidrig. – Wie wird es jetzt vor Paris gehen?...

Aber daß jener elende Schuft endlich samt seiner ganzen Clique in die Kloake herunterstürzte – dies erlebt zu haben – ist doch ein wahres Glück. Warum behandelt man den Kerl mit so viel Respekt. – In Cayenne von Läusen aufgefressen sein – das hat er verdient.

Wir werden uns freuen, wenn Sie wirklich Ihr Versprechen halten und nach Baden kommen. – Ihr Zimmer steht bereit: jetzt steht es leer. Vor kurzem hat es ein anderer alter Freund, der Müller-Strübing, bewohnt.

Viel herzliche Grüße und auf Wiedersehen.

I. Turgenjew

London, den 15. November 1870

Also wieder in Versailles, Sie unsteter Schmetterling! – Ich bin in London seit Sonntag – mit Viardot herübergekommen – (eine scheußliche Überfahrt!) und habe das Unglück gehabt, ein nichtswürdig kaltes und rauchiges Quartier gefunden zu haben, das Ich natürlich so bald als möglich verlassen werde – unterdessen ist meine Adresse: Devonshire place 30, bei Viardots. – Die Familie befindet sich sonst ganz wohl – nur hat Frau Viardot einen starken Husten und Schnupfen, was bei dem infamen hiesigen Klima anders wohl nicht denkbar ist, was sie aber um

Turgenjew

alle ihre Engagements bringen kann – und somit auch um jede Möglichkeit, das hiesige teure Leben zu bestreiten. Hoffen wir noch das Beste! Ich sehe oft ein bißchen Schwarz – und dann – wie kann man nicht misanthropisch sein, wenn man kalte Finger und ein Gefühl von schleichendem Frostkrabbeln auf den Schenkeln hat?

Viardot fühlt sich etwas gehoben seit dem succès bei Orléans – wird das aber lange dauern? – Ich habe jede Spekulation über künftige politische und militärische Möglichkeiten aufgegeben. – Aber es steckt Euch, o Ihr Preußen, eben jetzt eine sehr harte Nuß zwischen den Zähnen. Vielleicht zerbeißen Sie sie doch.

Also Leidenschaft? Und Liebessehnen? Und drängende Sehnsucht? (Folgt ein nicht gut wiederzugebender Satz.) – Ich erlaube Ihnen, mich den größten Zyniker zu schelten. –

Nun also – Mut, Courage, Ausdauer – und viel Dank für die Erinnerung an den 9. November von Ihrem getreuen

I. Turgenjew

London, 16. Beaumont street Marylebone, den 11. Mai 1871

O Pietsche, Pietsche –

(der lateinische Vocativ) – das hätte Ich von Ihrem Scharfsinn nicht erwartet: Wie haben Sie erschrecken können? Glauben Sie, wenn Frau V. wirklich gestorben wäre – Ich wär' imstande gewesen – die Anzeige herauszuschneiden und aufzukleben?? – O Pietsche! Pietsche! Aber Sie sind ein treuer Freund – und das ist die Hauptsache. –

Es tut mir sehr leid – von der Krankheit Ihrer Tochter hören zu müssen – aber was kann man anderes erwarten von einem solchen Hundewetter? – Wenn wir überhaupt einen Sommer kriegen, so wird es ihr schon besser gehen. –

Natürlich müssen Sie nach London kommen – ganz absolut. – Ein Zimmer kann Ich Ihnen leider nicht zur Disposition stellen wie in Baden – aber wir werden Ihnen ein nicht zu teures Logis schon finden.

Küssen Sie Kathi in meinem Namen – und sagen Sie ihr –
Ich trage sie in meinem Herzen, trotz aller „eunuques enragés.."
Grüßen Sie auch sonst alle Freunde und die Familie.
Also auf Wiedersehen!
Ihr I. Turgenjew

London, 16. Beaumont street, Marylebone, den 9. Juni 1871

Pietschio de mi alma –

(mein Herzenspietsch auf Spanisch). Die ganze Familie bleibt hier bis zum 1. August – also, nur frisch herübergekommen! Festlicher Empfang, Händeklatschen etc. – wie in Berlin – in etwas kleinerem Maßstabe.

Lucca's Gemahl hat gefabelt – aber die furia antitedescha hat sich sehr gelegt. Wird man von den eigenen Leuten braun und blau geschlagen, erinnert man sich nicht mehr der fremden Nasenstüber!

Von Paris will Ich gar nicht reden – der Eindruck auf die hiesigen Gemüter war ein zerquetschender. – Nur noch ein wenig Feuchtigkeit da, wo ein Franzose gestanden hat – aber – ἄριστον ὕδωρ – aus dieser Nässe kann sich noch die schönste Blüte früheren Daseins entwickeln. –

In Frankreich bekommt man provisorische Republik – was später eintritt – weiß – vielleicht! – der liebe Gott; – wahrscheinlich auch Er nicht.

Sonst geht alles gut – nur haben wir des Morgens Eiszapfen am Barte. – So gefroren habe Ich nur in Weimar!

Tausend Grüße an die ganze Familie, Schmidt, Menzel, Eckerts. – Ich drücke Ihnen herzlich die Hand und auf Wiedersehen!
I. Turgenjew

Unwiderlegbares Axioma:

„Kein Engländer hat auch die leiseste Ahnung, was Kunst heißt. – Sein Urnaturell ist urantikünstlerisch." Wenn Sie kommen, beweise Ich es Ihnen! – (NB. Ich spreche natürlich nicht von Literatur, von Poesie.) –

London, 16. Beaumont Street, 18. Juli 1871

Ewig junger Pietschachilleus, Don Juan und Alcibiades!
Du, dem es allein vergönnt ward,
Der Fortuna flücht'ge Locke
Mit entschloßner Faust zu packen
Und sie rücklings überbiegend,
Sie mit jenem übermüt'gen,
Siegsgewissen Kuß zu küssen,
Den man nennt: ‚langue fourrée' –
Mit Blitzesschnelle antworte Ich auf Ihren Brief:
Die ganze Familie – (und Ich) – geht am 29. Juli nach Boulogne, wo sie bis zum 8. oder 10. August bleibt und Seeluft atmet: dann geht die Familie nach Baden-Baden – wo sie zwei Monate verweilt – Ich aber gehe von Boulogne am 8. nach Edinburgh (zur hundertjährigen Feier Walter Scotts) – und von da auf eine Woche zu einem Freunde in Schottland, wo Ich die herrlichsten grouse schießen werde. – Dann gehe Ich nach Baden – und bleibe da bis zum 1. November.

Also – wenn Sie sonst nach England kommen sollen oder wollen – bravo! Wir werden Sie aber wenige Tage sehen können. – Jedenfalls müssen Sie aber nach Baden kommen, wo die Familie zwar in größter Zurückgezogenheit leben wird – aber desto besser!

Grüßen Sie Familie und Freunde! – Bringen Sie Ihr Buch – Hier geht alles gut – Frau V. ist zu ihrem 50. (!) Geburtstag – gesund und frisch und heiter. –

(Schluß und Unterschrift fehlen)

Liebster Pietsch!
Natürlich steht Ihnen mein „Toc, toc" zu Diensten – „and welcome" – wie die Engländer sagen. – Aus dem Brief von Mme Viardot werden Sie die Überzeugung gewonnen haben, daß Sie nicht zu den Toten gehören – Schade doch, daß Sie nicht gekommen sind – Ich war ein misanthropischer Esel – jetzt geht es mir besser. – Grüßen Sie alle Freunde – und genießen Sie das Leben.
Ihr I. Turgenjew

P. S. Die französische Übersetzung hab' Ich nur flüchtig durchgelesen – sie scheint gut zu sein – vielleicht sind einige Ausdrücke nicht die rechten – wenn Sie glauben, daß es der Mühe wert ist, schicken Sie die Korrektur.

P. S. S. Bis zum 1. November bin Ich hier, – vom 1. November an – Paris, rue de Douai, 48, chez Mr Viardot.

Baden-Baden, Tiergartenstraße 3, den 24. August 1871

Liebster Micawber,

Ich will sagen, Pietsch – Ich bin hier am Montag angekommen – und habe die ganze Familie wohl und gesund gefunden: auch Mme Viardot geht es besser. – Ich habe an Sie aus Edinburgh geschrieben, Ich habe mein Versprechen gehalten: daß Sie den Brief nicht bekommen haben – ist nur ein Beweis mehr der absoluten Miserabilität aller offiziellen englischen Einrichtungen: es sind mir in dem Winter allein mehr Briefe und Telegramme verloren gegangen – als sonst in meinem ganzen Leben. – Vom Edinburger Fest und meinem Anteil daran ist wahrlich nicht viel zu sagen: ein gänzlich unbekannter Mensch – Torgunoff – sprach von einem gänzlich uninteressanten Gegenstande: der russischen Literatur.

Ich kann Ihnen diesen Brief nicht nach Bonn schicken – heute ist ja Donnerstag – Ich schicke ihn also nach Berlin. – Daß Sie nicht nach Baden kommen – ist sehr schlecht von Ihnen: man hätte Sie herzlich empfangen – aber Sie wollen mir nicht glauben.

Grüßen Sie alle Freunde und vergessen Sie nicht, J. Schmidt das Buch abzugeben. –

Im Winter sehen wir uns. Bis dahin leben Sie recht wohl und munter. – In alter Freundschaft

Ihr I. Turgenjew

P. S. Ich bleibe hier bis Ende Oktober.

Baden-Baden, Tiergartenstraße 3, den 15. September 1871

Lieber Pietsch!

Erstens muß Ich Sie schelten: man kann einen Freund aller möglichen Untaten, ja eines Mords für fähig halten – nur keiner

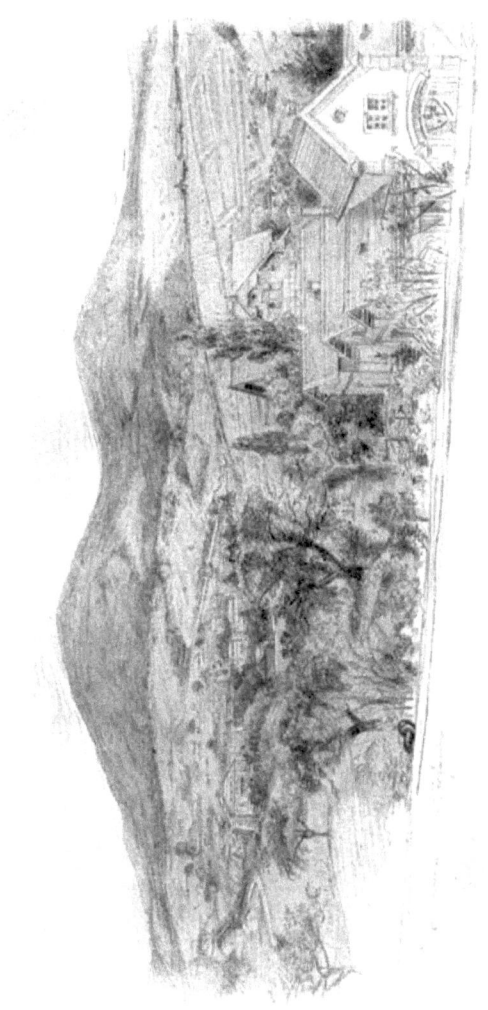

Blick aus Turgenjews Haus in Baden-Baden

Indelikatesse. – Wäre Micawber der Typus eines borgenden Menschen – Ich hätte mir die Zunge eher abgebissen, als Ihnen diesen Spitznamen gegeben; – Dickens hat in Micawber einen Menschen darstellen wollen, der beständig zwischen der tiefsten Verzweiflung und dem höchsten Jubel oszilliert – und in dem Sinne sind Sie Micawber.

Zweitens muß Ich Ihnen, obwohl ungern – folgendes sagen: Kommen Sie nicht nach Baden. Das Haus ist an einen Moskauer Bankier verkauft – und muß gegen Anfang Oktober abgeliefert werden – viele Möbel sind schon fort – auch die Ihres Zimmers. – Auch bin Ich von einem ganz abscheulichen Gichtanfall im Knie heimgesucht – liege seit sieben Tagen unbeweglich wie ein Klotz im Bett und werde so wenigstens noch einen Monat liegenbleiben: Alles trägt demnach den Stempel des Endes, der Auflösung, des Verlassens und Niewiederkommens; in ein solches Haus muß ein Fröhlicher und Gesunder nicht kommen. – Seine bloße Anwesenheit ist ein Mißklang. – Sehen Sie – Ich kann auch aufrichtig sein. –

Also, lieber Pietsch – auf Wiedersehen in Paris, wenn es geht – und dann aber lustig – wenn es auch geht – Jetzt aber muß man still und einsam die bösen Dämonen walten lassen.

Grüßen Sie bestens die Familie, alle Freunde und sagen Sie meinen besten Dank J. Schmidt für seinen so wohlwollenden und wie immer den Nagel auf den Kopf treffenden Artikel in der Allgemeinen Augsburger Zeitung. – Er dringt einem – „tief ins Gekröse" – mit seinem kritischen Scharfblick.

Ihr I. Turgenjew

Baden-Baden, Villa Viardot, den 14. November 1871

Caro amico Lodovico, tausend Dank für den freundlichen Brief und die guten Wünsche. – Es geht rasselnd bergab – mit 53 Jahr! Hemmschuh – Hemmschuh um Gottes willen!

Ich sitze noch hier – mit den Kindern – Frau Viardot und Herr Viardot sind schon längst in Paris – aber das Haus, wo wir alle logieren werden, ist noch immer nicht fertig! – Hoffentlich reisen wir Sonnabend, den 18. ab. – „Johanna geht und nimmer kehrt sie wieder!" – Ich wohne seit fünf Tagen – seit dem 9. November – bei Viardots. Mein Haus ist wie eine Ruine – der neue Besitzer will alles von Grund aus neu machen. Wohl bekomm's!

Wie sieht das Schiller-Denkmal in freier Luft aus?

Warum schreiben Sie nicht an Frau Viardot?

„Toc toc" – zweimal übersetzt. Das wundert mich sehr. – Ihre Übersetzung wird gewiß vorzüglich sein. – Ich habe eben mein lerchentrillerndes, himmelblaues Ding rein kopiert – und zu meinem großen Erstaunen – bemerke Ich, daß es wie ein Giftpilz aussieht! – So unmoralisch bin Ich doch nie gewesen. – Horreur! – Grüßen Sie alle guten alten Freunde. – Im Winter sehe Ich Sie – bis dahin leben Sie wohl und arbeiten fleißig und sein Sie munter!

(Unterschrift fehlt)

Paris, 48, rue de Douai, den 15. Dezember 1871

Nach langem Schweigen ein Lebenszeichen also! – Aber Sie haben auch nie, nie so unleserlich geschrieben, großartiger Pietsch! Kaum die Hälfte des Briefs habe Ich entziffern können.

Hier geht es uns gut – nur ist noch das Haus in einem chaotischen Zustande. – Es gibt keine Arbeiter mehr in Paris – und die da sind – arbeiten nicht. Frau Viardot hat viel zu tun – und ist guten Muts. – Ich habe noch beinahe niemanden gesehen – war in der ersten Zeit krank (die vermaledeite Gicht!) – dann habe Ich an meiner Novelle gefeilt – und weiß also nichts vom Pariser Leben. Ich habe keine Ahnung davon, wann diese Novelle ins Französische übersetzt wird – Ich rühre keinen Finger dazu – somit weiß Ich gar nicht, wann Sie dieses neue Produkt zu lesen bekommen. –

Mit „toc toc" – hat es keine Wichtigkeit. – Dieses kleine Ding hat eigentlich gar kein Recht auf eine Übersetzung.

Ihr post-scriptum versetzt mich in Staunen. – Ich weiß gar nicht, was das Ding heißen will und wie es in Ihre Hände gekommen

Tochter der Pauline Viardot

ist. – Auch kommen grade da die schönsten kalligraphischen Exemplare von Meister Pietschs Hand, zum Exempel: ...

„Dabei kommt es mir, mir stellenweise vor, als hätten Sie das, häufiger als hatten sie das und sie so ...; (unleserliches Wort) – schreiben ... (zweite Unleserlichkeit)".

Nun werde ein Mensch daraus klug!! Die ganze Geschichte ist mir ein Rätsel!

Was Ihre traurige Stimmung betrifft, so denke Ich, obgleich Ich sehr mit ihr sympathisiere:

„Auf Kieseln im Bache da liegt er so helle..." Es wird sich schon machen!

Die Republik wird hier zu einem wahren „Cabinet inodore" – Jedermann benutzt es und keiner wird gestehen, daß er etwas mit ihr zu schaffen gehabt hat. – Wahrscheinlich bekommen die Orléans bald Oberwasser. – Aber ruhig wird es nicht ablaufen. Nun, man wird sehen.

Der Deutschenhaß hier ist etwas Kolossales! Das einzige kolossale, was es hier gibt. –

Auf Wiedersehen im Januar ganz gewiß – und bis dahin – leben Sie wohl und grüßen Familie und Freunde.

Ihr I. Turgenjew

Paris, 48, rue de Douai, Dienstag, den 9. Januar 1872

Natürlich bin Ich noch hier, lieber Pietsch – und reise erst Mitte Februar nach Rußland, bleibe dann aber zwei Tage ganz gewiß in Berlin. – Amüsieren tut man sich in Paris nicht; Frau Viardot hat aber vollauf zu tun – mit ihrer Gesundheit steht es gut – und bald wird auch das Haus imstande sein, Gäste zu empfangen. Was meine Person betrifft, so lebe Ich absolut wie eine Schnecke – will auch gar nicht anders leben. Sonst fange Ich an zu glauben, daß Frankreich todkrank ist. –

Mein „jüngstes Kind", wie Sie es nennen, erscheint am 13./1. Januar in Petersburg im „Europäischen Boten" – wann es aber übersetzt wird, davon weiß Ich nichts. Vielleicht bald, vielleicht spät, vielleicht nie. Wird es dennoch übersetzt, – Sie bekommen es gewiß zuerst. – Unmoralisch ist es – das steht einmal fest – aber ein Mithridat wie Sie hat noch ganz andere Gifte verschluckt und sich dabei noch besser befunden. –

Also wirklich – keine „zweite Welle mehr"? – Es geht bergab mit uns – bergab – da steht sie schon die blinde, stumme, graue, kalte, dumme, gefräßige, ewige Nacht!

Mit Lapidarschrift schreibe Ich:

Ich weiß gar nichts von jenen Confessions, habe nie welche geschrieben und begreife nicht, wer Sie mystifiziert hat!! – Ich möchte doch das Zeug sehen. –

Grüßen Sie alle guten Freunde und leben Sie recht wohl

Ihr I. Turgenjew

P. S. Ist wirklich A. v. Werner ein so großer Maler?

P. S. S. Sie haben wieder Ihre Adresse **nicht** geschrieben! – Zum Glück war noch ein früherer Brief da. – **Das tut ein Deutscher!!!**

Paris, 48, rue de Douai, Sonnabend, den 17. Februar 1872

Mein edler Freund und Gönner Ludwig Pietsch!

Es kommt ein Moment, so hab' Ich bemerkt, im besten Verhältnis zwischen Freund und Freund – wo der eine Freund dem anderen Freund plötzlich als ein toter Hund erscheint – und auf keinen höheren Wert Anspruch machen darf. – Aus verschiedenen Symptomen und Indizien habe Ich schließen können, daß jener Totenhundmoment, angesichts meiner deutschen Pythiasse, in meinem Leben als eingetroffen zu betrachten ist. Wenn dem so ist – o so brauchen Sie nur zu schweigen – und mein ahnungsvolles Herz wird alles verstehen! Brechen wird es jedoch nicht. Wenn Ich aber irren sollte – irren ist menschlich – dann sagen Sie ein Wort – und Ich werde sehr vergnügt sein. –

Hier steht es mit Frankreich und mit Paris – sehr schlimm – mit der Familie Viardot – gut. – Ende März reise Ich nach Petersburg über Berlin. –

Meine lerchentrillernde Novelle hat Fiasko gemacht.

Viele Grüße der Familie und leben Sie recht wohl.

Ihr I. Turgenjew

Paris, 48, rue de Douai, Montag, den 18. März 1872

Liebster Pietsch,

Ich hätte längst auf Ihren so freundlichen Brief antworten sollen – aber Ich bin ein sehr faules Tier! – Doch kein undankbares! – Es hat mich sehr gefreut zu wissen, daß Sie mich immer noch lieben – und Ich habe mir Vorwürfe getan, daran gezweifelt zu haben.

Das Leben rollt sich hier ganz leidlich ab. – Frau Viardot hat zweimal – im Conservatoire und im Cirque Pasdeloup mit ganz enormem Beifall gesungen – und das hat ihre Stimmung gehoben – und sie fühlt sich ganz munter und wacker – arbeitet jedoch zu viel. Mit der Familie geht es auch gut. – Ich dusele so hin und bereite mich auf meine russische Reise. – Ich verlasse Paris am 20. April – gehe über Baden – wo Ich ein paar Tage bleibe – nach Berlin und dann weiter. Am 25. April – so etwa – sehen wir uns ganz gewiß.

Man hat hier eine Ausstellung der H. Regnault-Bilder, Skizzen usw. organisiert – (desselben Regnault, der im vorigen Jahr ein paar Tage vor dem Friedensschluß – so unglücklich erschossen wurde). – Es lohnt sich die (oder der? – wie sagt man?) – Mühe, hierher zu kommen, um das zu sehen. – Regnault ist unstreitig der größte Kolorist der Neuzeit, – was hätte noch alles aus dem werden können! –

Also – viele Grüße an alle Freunde und an die Familie. Bleiben Sie gesund und guten Mutes – und auf Wiedersehen!

(Unterschrift fehlt)

St. Valery sur Somme, Maison Ruhaut, Sonnabend, den 19. Juli 1872

Pitchissime carissime – Sie wissen schon, daß Ich Sie abermals verfehlt habe! – Das ist eben eine Fatalität – wie in der Belle Helène. – Jetzt wohn' Ich hier in einem reizenden, höchst malerischen und stillen Ort – habe aber leider wieder die Gicht und kann kaum mit zwei Krücken herumkriechen. Das verfluchte Zeug dauert jetzt schon mehr als ein Monat. – Wollen es abwarten.

Der ganzen Viardotschen Familie geht es ganz gut. – Alle haben einen fürchterlichen Appetit, schlafen wie die Riesen – und ergeben sich der gründlichsten Faulheit. – Nur eins ist nicht ganz' in Ordnung: Frau Viardots Daumen ist noch immer geschwollen und schmerzhaft. Nun muß Ich wieder an die bekannte Berliner Salbe denken, die mir einst so geholfen hat. – Wenn Ich nicht irre, so hieß der Verfertiger – Zimmermann, Chirurg oder Barbier, Rosenthaler Straße 20. Haben Sie die Gefälligkeit, liebster Pietsch, gehen Sie gleich hin, kaufen Sie eine kleine Büchse – und schicken Sie sie hierher – ohne Zeitverlust – oder wenn es nicht geht, wenigstens nach Paris, rue de Douai 48, auf meinen Namen. Sie können das kleine Paketchen per Briefpost absenden. – Bitte, tun Sie es recht schnell!

Ich bin Großvater geworden – endlich! Vorgestern hat meine Tochter ein kleines, wie es scheint, ganz gesundes Töchterchen bekommen. –

Leben Sie recht wohl und grüßen Sie Familie und Freunde. Ich bleibe hier bis Ende September.

Vale et me ama. I. Turgenjew

Saint-Valery sur Somme, Maison Ruhaut, Sonnabend, den 27. Juli 1872
Liebster Pietsch,
als Sie mir Ihren Brief vom 20. d. Mts. schrieben, hatten Sie wahrscheinlich den meinigen noch nicht bekommen – (wo Ich um die Salbe bat) – und haben wahrscheinlich auch Berlin verlassen, ohne ihn bekommen zu haben. – Ich muß Sie nochmals bitten, meine Kommission recht bald zu erfüllen, sobald Sie nach Spree-Athen zurückgekehrt sind.

J. Schmidt hatte mir schon gesagt – Sie wären nicht nach Amerika abgegangen. – Desto besser! So hat man mehr Chancen, Sie mal zu sehen, und diesmal verspreche Ich Ihnen, Sie ein paar Tage vor meiner Ankunft in Berlin zu benachrichtigen. –

Den Monat August und September bleiben wir alle hier; Padillas wohnen in ihrer Villa in Ville d'Avrey.

Gott! Wie seid Ihr alle Deutsche zarthäutig geworden, wie altjüngferisch suszeptibel nach den großen Erfolgen! Daß Ich

Euch in meiner letzten Novelle ein bißchen „egratignirt" habe –
daß könnt Ihr nicht ertragen? Habe Ich doch meinem eigenen
Volke – das Ich doch gewiß liebe – ganz andere Hiebe versetzt! –
Da schreit ein Kritiker in der St. Petersburger (deutschen) Zeitung Zeter und Mordio über mich – und fordert alle Offiziere
der deutschen Armeen auf – den Verleumder und frechen Lügner – nämlich mich – von der Oberfläche der Erde zu vertilgen!
Ich hatte bis jetzt geglaubt, die Deutschen hätten mehr Gleichmut und Objektivität. – Da muß Ich doch meine Russen loben. –
Glauben Sie wirklich, daß Ich aus Konzession an französische Wünsche den elenden Devrient mit seiner ganzen miserablen Theaterwirtschaft abgefertigt habe? – Meine letzte Novelle ist schlecht genug – aber das Beste und Wahrste in ihr sind
grade diese wenigen Kniffe.

Also so liebenswürdig hat sich Kaiserin Augusta ausgedrückt. –
Nun „es ist doch schön von einer so großen Dame" usw.

Zu Ihrem unruhigen Leben und zu allen sonstigen Widersprüchen und Komplikationen – wünsche Ich Ihnen herzlich
Glück. – Sie müssen, wie Franz I., im Schilde einen Salamander
führen. – Nur im Feuer lebt es sich recht! –

Frau Viardot hat, soviel Ich weiß, Ihnen vor kurzem geschrieben. Der ganzen Familie geht es gut – Ich drücke Ihnen
die Hand.

Ihr I. Turgenjew

P. S. Ist Paul Heyse noch in München?

St. Valery sur Somme, Maison Ruhaut, den 14. September 1872

Also in Rußland, in Moskau gewesen und die Sphynx in der
Ermitage gesehen, carissime Pietsch! Es freut mich sehr, daß
Ihnen meine Sphynx gefallen hat. – Sie werden wohl über Ihre
Reise einige Feuilletons in der Vossischen schreiben: es wäre
recht hübsch von Ihnen, mir sie zu schicken. – Tuen Sie es doch!

Ich bleibe hier bis zum 23. d. Mts. Dann geh' Ich zu meiner
Tochter, meine Enkelin zu taufen, dann nach Nohant, G. Sands
Landsitz, auf ein paar Tage, dann nach Baden-Baden auf vier bis

fünf Tage – um alle meine Sachen in Ordnung zu bringen –
dann zurück nach Paris, wo Ich vom 10. Oktober an bis Ende
November bleiben werde. Dann hoff' Ich nach Petersburg gehen
zu können – et ce serait le diable, wie die Franzosen sagen –
wenn Ich Sie nicht endlich treffen würde. –

Meine vermaledeite Gicht läßt mich noch immer nicht los –
Ich habe heftige Rückfälle gehabt – auch jetzt noch muß Ich
in Pantoffeln herumlaufen. – O Don Juan! Don Juan! – (Sie
meine Ich nämlich) – das Altwerden ist ein häßliches Ding. –
Davon wissen Sie glücklicherweise noch nichts und fahren fort,
die schönsten Blumen...

(Schluß und Unterschrift fehlen)

Paris, 48, rue de Douai, Montag, den 18. November 1872

Mein lieber Freund,

Ich kann nicht umhin, wenn auch spät, Ihnen für Ihre Glückwünsche zu meinem Geburtstag zu danken, obgleich Ich nicht verhehlen darf, daß Ich selbst wahrscheinlich in demselben Moment, wo Sie die Feder ergriffen – die heißesten, aus der tiefsten Tiefe des Herzens entströmenden Verwünschungen grade auf jenen schmachvollen Tag anhäufte! Ich litt nämlich an meinem zwölften Gichtanfall – seit sechs Monaten – und er war grade der entsetzlichste. – Jetzt kann Ich wieder auf Krücken herumkriechen – aber der dreizehnte Anfall ist gewiß im Anzuge. – Unter solchen Umständen kann Ich Ihnen nur sagen, daß es mir ganz miserabel zumute ist.

Glücklicherweise geht es der Familie Viardot gut – und das bleibt am Ende die Hauptsache.

Ich habe so lange gezaudert – daß mein Brief Sie wahrscheinlich in Wien nicht mehr treffen würde – und somit schreib' Ich nach Berlin.

Genießen Sie des Lebens, solange noch Ihre Beine stramm und straff sind – und gedenken Sie in Wohlwohlen

des Kadavers

I. Turgenjew genannt

Paris, 48, rue de Douai, Mittwoch, den 1. Januar 1873

Lieber Pietsch,

Nein – das ist doch zu arg – und da hört alles auf! – Ich sollte öffentlich erklärt haben – und mit meiner Namensunterschrift! – daß „Ich keinen anständigen Deutschen kenne" – und Sie scheinen daran nicht zu zweifeln und sprechen davon mit einer würdevollen Resignation!!! Und Sie wollen, daß Ich an Ihre Freundschaft glaube?! – Als Freund, hätten Sie mir gleich schreiben sollen: „in der und der Zeitung steht das und das" – und Ich hätte Sie augenblicklich autorisiert – einer solchen frechen – (oder hämischen, denn Herr Pohl steckt vielleicht dahinter) Lüge – in meinem Namen das entschiedenste Dementi zu geben! – Aber nein; – Sie glauben es – und anstatt jede Verbindung mit mir abzubrechen, schlagen Sie einen elegischen Ton an! – Das ist wirklich zu arg! –

Ich muß Sie dringend bitten, mich über meine vermeintliche Erklärung etwas Positives wissen zu lassen – damit Ich sehe, was dagegen zu tun sei – sonst verlier' Ich noch das bißchen Glauben an Ihre Freundschaft – das mir noch bleibt. –

Es tut mir sehr leid zu erfahren, daß es Ihnen nicht besonders gut geht. – Das Leben ist eben kein Spaß. Zum Glück geht es der Familie V. im Gegenteil ganz gut: Didie hat sich nicht verheiratet, arbeitet fleißig und macht große Fortschritte – es kommt wahrscheinlich etwas von ihr auf die Ausstellung. Paul macht auch bedeutende Fortschritte; Marianne wird zur tüchtigen Musikantin und singt ganz famos. Meine Gicht ist noch immer nicht fort und grade heute – also zu Neujahr fürcht Ich einen 16. Rechut.

Cornelie Richter hat mir einen sehr liebenswürdigen Brief geschrieben. Ich habe geantwortet. –

Die neue Novelle ist in der „Revue des Deux Mondes" vom 1. Dezember erschienen; – sie ist gar kurz.

Haben Sie das 6. Bändchen (König Lear und Frühlingsfluten) von Leipzig bekommen? – Mein Berserker hat mir geschrieben, zwei Exemplare wären nach Berlin für Sie und für J. Schmidt abgegangen. – Grüßen Sie Schmidt bestens. – Ich hoffe, er hat an das obige Zeug nicht geglaubt. Das ist bitter für Sie, aber Ich will bitter sein.

Trotz alledem – wünsche Ich Ihnen alles mögliche Gute, ob Sie auch ein Deutscher sind – und drücke Ihnen die Hand. – Im Mai sehen wir uns gewiß, wenn wir beide noch am Leben sind. Grüßen Sie die ganze Familie und die sonstigen Freunde.

Ihr I. Turgenjew

P. S. Ich erwarte einen Brief baldigst.

Paris, 48, rue de Douai, Dienstag, den 7. Januar 1873

Lieber Pietsch,

Weder im Jahre 1871 noch in 72 noch in irgendeinem andern Jahre seit Christi Geburt habe Ich einen Brief geschrieben, der nur entfernt mit dem von Ihnen zitierten etwas gemein hat – und den Brief hätte Ich an den Gaulois oder an den Figaro geschickt, die beiden Journale, die Ich am gründlichsten verachte, Ich, der Ich keinen einzelnen französischen Journalisten kenne und mich vorsätzlich von der ganzen Clique meilenweit halte! – An der ganzen Geschichte ist eben kein einziges Wort wahr – und es ist mir unbegreiflich, wie mir so etwas nicht in die Hände geraten ist, da, wie Sie sagen, alle Zeitungen es wiederholt haben! – Ich will mir die ganze Kollektion des Gaulois und des Figaro für die erste Hälfte von 1871 verschaffen und will sehen, ob wirklich irgend ein Lump mit meinem Namen seinen Spiel getrieben hat oder ob das ganze Ding rein aus der Luft gegriffen ist. –

Ich bin bereit – jede Erklärung zu unterschreiben – wenn J. Schmidt und Sie – eine solche als nötig erachten. –

Ich werde an den Berserker einen gepanzerten Brief absenden. – Für meine ganze Mühe – (Verbesserung der Korrekturbogen etc.) hab Ich kein anderes Honorar als die 4 oder 5 Exemplare, die er an meine Freunde schicken soll und er tut es nicht!!! – Dann ist er ein Schwein.

Grüßen Sie Familie und Freunde. – Ich drücke Ihnen cordialiter die Hand und bleibe ganz ohne Bitterkeit

Ihr ergebener I. Turgenjew

Paris, 48, rue de Douai, den 4. April 1873
Lieber Pietsch,

Es ist ganz unverantwortlich und miserabel von mir, daß Ich zwei Monate lang auf Ihren Brief nicht geantwortet habe. Ich bin eben in einem bodenlosen Schlamm von Faulheit und Nichtstun versunken und das Schreiben wird mir beinahe unmöglich. – Für jenen „weißen" Heineschen Abgrund bin Ich insofern ganz fertig – nur daß es mich ganz verdammt schlecht zumute wird, wenn Ich daran denke. Die Frucht ist überreif; – fallen möchte sie nicht – und so hängt sie, schwer und unbeweglich – an ihrem faulen Ast. Dieses hübsche Gleichnis ist leider ganz fürchterlich wahr.

Über meine Gesundheit kann Ich nicht klagen – Ich schlafe und esse recht gut. – Aber das ist auch alles.

Auch sehe Ich mir viele Bilder an – und kaufe einige – (letztens einen köstlichen Van der Neer). – Das ist meine einzige Passion. –

Ich freue mich, daß Menzel wacker ist und schöne Bilder malt; grüßen Sie ihn bestens! –

Der Familie Viardot geht es gut; Claudie arbeitet fleißig – rückt aber weniger vom Fleck – als man es wünschen möchte; Paul ist sehr flegelhaft und bisweilen unerträglich – entpuppt sich aber zum großen Geiger. – Frau Viardot wird nächstens, ehe sie ganz aufhört zu singen – die Magdalena in einem sehr schönen Oratorio von J. Massenet – kreieren, wie man hier sagt. Deutsche können weniger als je nach Paris kommen – Ich meine, Deutsche, die sich respektieren.. – Der Haß wächst und mehrt sich mit jedem Tage.

Ich reise erst am 21. Mai ab – und gehe nach Karlsbad auf 6 Wochen, natürlich über Wien. – Ich möchte Sie gern dort aufsuchen. – Schreiben Sie mir, wie Ich es anfangen soll. Ludwig Pietsch ist überall leicht zu finden – da Ich aber bloß 2, 3 Tage in Wien bleiben werde, so möchte Ich keine Zeit verlieren.

Grüßen Sie den lieben J. Schmidt. Wir korrespondieren von Zeit zu Zeit. Ich schreibe ihm bald.

Grüßen Sie zugleich Frau und Familie und empfangen Sie einen herzlichen Händedruck von Ihrem

I. Turgenjew

Paris, 48, rue de Douai, den 6. Mai 1873

Lieber Pietsch,

Sie sind jetzt, sozusagen, im Zentrum des großen Wirbels – deshalb fass' Ich mich kurz – „vos moments sont précieux", wie die Franzosen sagen. – Ich will Sie nur benachrichtigen, daß Ich erst am 22. dieses Monats Paris verlasse und erst am 28. in Wien ankomme. – Finde Ich Sie noch dort – oder werden Sie schon fortgeflogen sein, wie ein Schmetterling, nach gründlichem Aussaugen der Weltausstellungs Blume? Sonst wäre Ich gern in demselben Hotel abgestiegen. – Schreiben Sie mir ein paar Zeilen. – Es soll sehr schwer sein, ein Logis in Wien zu finden. –

Seit gestern ist die hiesige Exposition eröffnet. Es sind sehr viel hübsche und interessante Sachen darin.

Frau Viardot ist – endlich! – ihre fatale Grippe los. – Der ganzen Familie geht es gut. Man erwartet den ersten Sonnenstrahl, um nach Bougival überzusiedeln.

Also – vielleicht auf baldiges Wiedersehen! – Ich drücke Ihnen herzlich die Hand.

Ihr I. Turgenjew

P. S. „Munkaczy" – hat ein sehr bedeutendes Bild auf der hiesigen Ausstellung.

Paris, 48, rue de Douai, Dienstag, den 3. Juni 1873

Lieber Freund,

Übermorgen reise Ich von hier nach Baden – bleibe dort zwei Tage und dann geht es nach Wien. Gegen das Ende der nächsten Woche bin Ich gewiß dort und erfreue mich Ihres Anblickes. – Nun aber hat man hier eine französische Übersetzung von „Frühlingsfluten" zu drucken angefangen; sie ist herzlich schlecht – und Ich muß sie revidieren, habe sie auch bis zur Hälfte etwa revidiert; die andere Hälfte wird mir nach Wien nachgeschickt und Ich habe Ihre Adresse mit allen daran anhängenden Hieroglyphen gegeben, denn zu der poste restante habe Ich kein rechtes Zutrauen. Nun aber sind Sie ein Schmetterling ersten Grades -- und flattern vielleicht fort oder wechseln den Aufenthaltsort – besonders da, wie Sie sagen, das Ewig-Weibliche nicht recht zieht. – Sollte das der Fall sein, so schreiben Sie mir gleich nach Baden-Baden, Schillerstraße 7, per Adresse Frau Anstett – damit Ich die nötige Veränderungen treffe. – Jedenfalls wird es von Ihnen sehr hübsch sein, wenn Sie mir ein paar Zeilen schicken.

Und somit Gott befohlen und auf Wiedersehen.

Ihr I. Turgenjew

Karlsbad, Oesterreichischer Hof, Montag, den 22. Juni 1873

Wie gehts, carissimo Pietsch? – Haben Sie die Bekanntschaft der Frau v. Wertheimstein und die der Frau Hartmann gemacht? – Vergessen Sie nicht Ihr Versprechen! – Ich bin glücklich hieher gekommen, habe ein gutes Zimmer, habe heute die Kur angefangen – mit meinem Knie geht es besser. Das Wetter ist schön – aber Karlsbad scheint das langweiligste Nest auf dem ganzen Erdenboden zu sein! Nun, man muß auch diese Pille verschlucken!

Ich danke Ihnen nochmals für alle erwiesene Freundlichkeit und Güte – und drücke Ihnen die Hand auf das herzlichste. (Frau Viardot schreibt mir eben, Ich soll Sie und Ihre Frau bestens grüßen.)

Ihr I. Turgenjew

P. S. O Sacher Masoch! Sacher Masoch! Mindestens Baronin!!

Bougival (près Paris), Maison Halgond (Seine et Oise), Freitag, den 1. August 1873

Lieber Pietsch –

Mit den jungen Damen, die sich um mein Glas reißen, steht es ebenso wie mit meinem bis auf die Brust herabwallenden Bart:

es ist eben kein wahres Wort daran. – Ebensowenig bin Ich Graf Stragenofs intimster Freund, ja, es wäre mir gar nicht angenehm, wenn Ich überhaupt sein Freund wäre: Ich bin nie bei ihm gewesen, habe auch ihn nie bei mir gesehen. Herr Julius Walter – eigentlich Herr F. Fleckles – hat mich ein bißchen aufziehen wollen, weil Ich mich etwas fern von ihm hielt: – es ist so ein provinzieller Mephisto – in duodezim Format, dessen Witz nur in Wortbildung steckt, also meist grammatikalischer Natur ist.

Meine Kur ist glücklich abgelaufen – Ich hoffe, sie hat mir genützt und meiner Gicht geschadet – jetzt bin Ich wieder at home und ganz gemütlich. – Wollen sehen, was weiter kommt. Frau Viardot hat Ihren Brief bekommen, gleich geantwortet – – und läßt Sie nochmals grüßen. – Der Familie geht es gut.

Es freut mich, daß die Fatalität mit Ihrer Tochter keine argen Folgen hatte.

Ihre Frau ist so liebenswürdig gewesen und (hat) mir richtig ein Bildnis des süßen Kavaliers, Sacher v. Masoch, geschickt. Diese Fratze – und „mindestens Baroninen!" Mit dieser Aufschrift versehen – wird es – mein water-closet zieren. – Zu meiner großen Zufriedenheit habe Ich erfahren, daß Richard Pohl in derselben Lokalität in Baden-Baden sein zahnloses Lächeln vergeudet.

Und Frau Hartmann? Immer noch nicht gesehen? –

Sie bleiben wahrscheinlich nicht mehr lange in Wien – nach Berlin zurückgekehrt, grüßen Sie vielmals J. Schmidt und die anderen Freunde. – Während der letzten Tage meines Karlsbader Aufenthalts habe Ich viel und oft Lübke gesehen. Es ist ein liebenswürdiger Mensch!

Leben Sie recht wohl!   Ihr I. Turgenjew

Paris, 48, rue de Douai, Montag, den 1. Dezember 1873

Wo sind Sie und was tun Sie Gutes, lieber Pietsch? – Ich hätte Ihnen längst antworten sollen – aber das Schreiben wird mir sauer – in jedem Sinne des Worts. – Sonst bin Ich gesund

Claudia Viardot

und was viel wichtiger ist - die ganze V.sche Familie ist auch wohl und munter. - Lassen Sie mich wissen, wie es Ihnen geht - in der freien Stadt Berlin. - Hier sind wir nun ganz geknechtet - und es wird noch schlimmer kommen. - Wir steuern los auf eine ganz dumme, enge, gemeinplätzige, militärische, eiserne und hölzerne - Republik. - Sic fata voluerunt.

Alle meine Bücher sind aus Baden angekommen - bei der Aufstellung finde Ich eine ungeheure Mappe mit Photographien von Cauerschen Bildwerken. - Sie gehört augenscheinlich Ihnen; was ist damit zu beginnen? - Soll Ich sie Ihnen expedieren?

Nach Berlin komme Ich erst Ende Januar - vielleicht etwas später. -

Meine besten Grüße Ihrer Frau und Familie - auch allen guten Freunden. - Ich drücke Ihnen herzlich die Hand.

Ihr I. Turgenjew

Paris, 48, rue de Douai, Montag, den 5. Januar 1874

Liebster Pietsch -

Ich antworte spät auf Ihren freundlichen Brief - aber Ich hatte den Kopf nicht dazu - und Sie werden mich verstehen, wenn Ich Ihnen sage, daß seit einer Woche das Wesen, das Ich am meisten und am zärtlichsten liebe - Didie - Braut ist. - Es ist doch merkwürdig, daß Ich Ihre Nachricht (von Ihrer Tochter Verlobung - zu welcher Ich Ihnen von Herzen Glück wünsche) - mit einer gleichen erwidern kann! Der künftige Mann von Didie heißt Georges Chamerot, - eine prachtvolle, junge, edle, tüchtige Natur - sonst hätt' Ich nie mein Jawort dazu gegeben - er ist der Besitzer einer der ersten hiesigen Typographien - Vater und Mutter treffliche Leute - in jeder Hinsicht - nur Gutes und Wahres. - Das Verhältnis dauert schon lange - (eine Seltenheit in Frankreich!) - und Ich habe das alles unter meinen Augen wachsen sehen. - Didie liebt ihn erst seit sechs Wochen - und etwas liebreizenderes habe Ich nie erlebt.. Wir alle, die sogenannten Schriftsteller (!), sind blinde Pfuscher und „à peu près-Macher" in diesen Sachen. - Glücklicherweise schreibe

Ich nichts mehr und so bin Ich der Versuchung enthoben, ein solches Schauspiel wiederzugeben.. – Aber verschlingen tu Ich alles, alles.

Sie können sich denken, wie das ganze Haus froh und glücklich ist. Anfang März ist die Hochzeit – und gleich nachher reise Ich nach Rußland und sehe Sie.

Frau Viardot läßt bestens grüßen. – Ich will mich auf die „Gegenwart" abonnieren – um zu sehen, wie Sie mich heruntermachen werden. – Es soll auch sonst ein sehr gutes Blatt sein.

Freundliche Grüße an alle Freunde und Familie. – Sagen Sie die „grande nouvelle" den Eckerts. – Ich drücke Ihnen die Hand.

Ihr I. Turgenjew

P. S. Von welcher Frankfurter Sendung spricht J. Schmidt? – Ich werde ihm selbst baldigst schreiben.

Paris, 48, rue de Douai, Sonnabend, den 21. März 1874

Liebster Freund,

Seit 10 Tagen habe Ich die Gicht im linken Fuß und kann mich nicht rühren: das will aber nicht viel sagen. Seit zwei Wochen ist Didie – Frau Chamerot – und ist von einem solchen Glück – und Jugend – und Liebe – und zartkeuschen Wollustglanz umgeben, daß es nicht zu beschreiben ist: das will viel sagen! – Ich bin durch und durch Kunstbarbar und -amateur geworden – und habe mir (unter andern Bildern!) eine Waldlandschaft von Diaz angekauft, die alles Existierende überstrahlt! – das will auch etwas sagen! – Sonst geht alles sehr gut: die Literatur geht nämlich gar nicht – und die ganze Familie ist gesund.

In fünf Wochen sehen wir uns – ganz gewiß –, wenn wir beide am Leben sind – und wenn man Sie in Berlin antreffen kann, was keine leichte Sache zu sein scheint – seit einiger Zeit!! – Denn Ich muß nach Rußland – aus hundert Rücksichten – und aus Vorsicht. – Diesen Calembourg erkläre Ich Ihnen mündlich.

Grüßen Sie die ganze Berliner Welt. – Was Julian Schmidt betrifft, so sagen Sie ihm, daß ich mich zu seinen Füßen im

Staube wälze - aus lauter Scham und Schande, ihm so lange nicht geschrieben zu haben! - Aber ich trage ihn in meinem Herzen, wie die Franzosen sagen, ihn und seine liebenswürdige Frau. -

Grüßen Sie auch Ihre Frau und leben Sie alle recht wohl und auf Wiedersehen

Ihr I. Turgenjew

P.S. A propos, junger Prinz! Warum haben Sie dem H. Müller-Strübing ausgeschwatzt - was Ich Ihnen von Manuels linkhändiger Familie sagte? - Der geht nämlich ganz ruhig zu Manuel hin und spricht ihm davon. Wer hat Ihnen das gesagt? brüllt Manuel. - Pietsch, sagt Müller. - Und wer hat es dem Pietsch gesagt? - heult Manuel. - Turgenjew, sagt Müller. - So müßt Ihr auf alle Ewigkeiten Ihre verfluchten Mäuler halten, Ihr Schwätzer, stöhnt Manuel - denn sonst bin Ich in London kompromittiert - ein toter Mann - und habe keine einzige Schülerin mehr! - Müller schweigt und geht und trinkt Bier; - und Ich - Ich wasche den Kopf - meinem altbewährten Freund Lodovico Ariosto Pietschio.

Paris, 48, rue de Douai, Donnerstag, den 2. April 1874

Lieber Pietsch,

Sie werden baldigst das Buch meines Freundes, G. Flaubert, „La Tentation de St. Antoine" bekommen - oder vielleicht haben Sie es schon. - Lesen Sie es - und wenn, wie Ich nicht zweifle, es Ihnen gefällt - so machen Sie sich darüber mit Ihrer feinen und geistreichen Feder - und schreiben Sie einen recht pompösen Artikel - wofür Ich Ihnen aufs höchste dankbar sein werde. - Lassen Sie mich wissen, in welcher Zeitung jener Artikel erscheinen wird.

La casa Viardot - ist gesund und wohl - meine Gicht hat mich beinahe verlassen - und in drei Wochen reise Ich ab und sehe Sie - deo volente - in Berlin. - Unterdessen leben Sie recht wohl - und grüßen Sie Familie und Freunde.

Ihr I. Turgenjew

Paris, Mittwoch, den 22. April 1874, 50 (ancien 48) rue de Douai

Mein lieber Freund,

Ich kann gar nicht begreifen, warum Sie das Flaubertsche Buch noch nicht bekommen haben. – Ich werde darüber mit dem Herausgeber zanken.

Es freut mich sehr, daß Ihnen und J. Schmidt meine „Reliques vivantes" gefallen haben. – Was Ihre Bedenken anbetrifft – habe Ich folgendes zu berichten: Derselbe patriarchalische Dorfälteste, der mir den Namen nannte (– das Ganze ist nämlich eine wahre Geschichte) – erklärte mir – nicht ohne einen gewissen ironischen Humor – daß die Klaudia (das war ihr eigentlicher Name) – nur an Sonntagen – pißt (N.B.) und an großen Feiertagen (also 6- oder 8 mal im Jahr) sch–st. – (Ich hatte nämlich dasselbe Befremden, wie Sie, empfunden). – Wie das möglich ist – darüber können Sie einen Arzt befragen. – Derselbe Arzt wird Ihnen sagen können, wie es möglich war, daß das Fleisch des armen Wesens absolut so hart wie Bronze wurde – und also von einem Durchgelegtsein keine Rede sein konnte! – Es ist wahr, Ich habe sie im Sommer besucht – und der Raum war luftig und die Tür... es gab gar keine Tür – aber ma parole! Gestank habe Ich nicht gespürt! Ihre Krankheit soll eine Rückenmarkserschütterung gewesen sein. –

Nun aber genug Realismus! Wo sind Sie in zwei Wochen – am 6. Mai? – Ich werde an dem Tage in Berlin sein – Hotel de St. Petersburg, und suche Sie natürlich auf. –

Auf baldiges Wiedersehen also – und einen herzlichen Händedruck

von Ihrem I. Turgenjew

NB. Diese „confidences" mußte Ich doch dem publico vorenthalten.

Paris, 50 (ancien 48), rue de Douai, Montag, den 4. Mai 1874

Liebster Pietsch,

Nur ein paar Worte, um Sie wissen zu lassen, daß Ich unmöglich, trotz dem besten Willen, den 6. Mai mit Ihnen in Berlin zubringen kann, da Ich erst am 8. (Freitag) – von hier abreise,

Turgenjew

den 9. und 10. in Baden bleibe und erst am 11. in Berlin ankomme – wo Ich Sie natürlich gleich aufsuchen werde. – Also just in einer Woche – wenn wir alle am Leben bleiben! Hoffentlich finde Ich Sie in gebesserter Gesundheit und bis dahin drücke Ich Ihnen herzlich die Hand und grüße alle Freunde

Ihr I. Turgenjew

St. Petersburg, No. 53, Hotel Demuth, Sonnabend, den 30./18. Mai 1874
Lieber Freund Pietsch,

Schreiben Sie mir ein paar Zeilen zur Antwort auf folgende Fragen:

1) Haben Sie das Manuskript und das französische Buch aus Paris bekommen?

2) Haben Sie an den Buchhändler Behre geschrieben und die Bedingungen arrangiert?

Ich verlasse Petersburg Donnerstag und gehe nach Moskau – Schreiben Sie mir nach Moskau auf folgende Adresse

Hn. I. T. –

auf der Pretschistenka, Haus Turgenjew,

Moskau (Rußland).

Sie werden wahrscheinlich noch das letzte kleine Ding – „Die lebendige Reliquie" – vom Berserker übersetzt bekommen – haben Sie die Güte, auch das mit der französischen Version zu vergleichen.

Mir geht es gut hier in diesem Wirbel. Freundlichste Grüße an Familie und Freunde.

Ihr I. Turgenjew

P. S. Nach beendigter Herkules-Arbeit (Ich denke an den Augiasstall) schicken Sie alles an die G. Fröbelsche Hofbuchdruckerei in Rudolstadt.

Moskau, Sonnabend, den 13./1. Juni 1874
Mein lieber Freund,

Ihren Brief vom (?) 74 ... (Was diese Hieroglyphe sagen will – das geht über meine Begriffsfähigkeit) – habe Ich erst heute und hier bekommen – und beeile mich zu antworten. – In ein paar Tagen geh' Ich auf mein Landgut – und komme, Deo volente, nach Berlin erst Anfang Juli – wo Sie schon natürlich nicht mehr da sind. – Was kann Ich Ihnen wegen der unglücklichen Übersetzung sagen? Ich gebe Ihnen cartissima blanchissima – Tun Sie, was und wie Sie wollen – das beste wäre vielleicht die ganze Maschine an den Berserker zurückzusenden – denn die französische Übersetzung ist schwerfällig – aber treu. – Wie gesagt – Ich ernenne Sie zum Diktator! – und entziehe mich auf sotane geschickte Art jeder Verantwortlichkeit!!

No. 2. – Ich habe den Meurer nicht vergessen, habe den Rennenkampf gesehen, der wirklich ein sehr großer Esel ist – und habe von ihm erfahren – daß Meurer vorläufig die Hälfte der Summe bekommen wird. – Ist es dennoch nicht geschehen? – Ich schreibe morgen an Meurer – und er soll mir darüber Auskunft geben – bei meiner Durchreise werde Ich noch vielleicht etwas in P-burg ausrichten können. – Aber mein Einfluß ist – leider! – ganz miserabel klein – Ich habe mich davon überzeugen können.

No. 3. Der Turgenjew en question – bin Ich nicht, und auch nicht mein Bruder – sondern der bekannte Politiko-Economist Herr Nikolaus Turgenjew – der im Jahre 1872 in Paris gestorben ist – und eine Familie hinterlassen hat – Frau, Tochter und zwei Söhne – die ein prachtvolles Haus, Rue de Lille 97, Paris (sie sind nämlich enorm reich) – bewohnen – Madame Clara Tourguéneff hat mir schon mehrmals von diesem königlichen Geschenk gesprochen und wenn Herr D. sich an sie wenden will, so wird sie ganz gewiß ohne Zögern und mit Freude antworten.

Mir geht es so ziemlich – meine cara patria ist doch ein wunderlich Ding! – Der Familie Viardot geht es auch gut; – nur fürchtet man eine fausse couche für meine teure Didie... Das wäre ein harter Schlag!

Grüßen Sie alle guten Freunde – und auf Wiedersehen – – wo? und wann? – Das wissen die Sterne – und schweigen davon.

Ihr I. Turgenjew

Paris, 50, rue de Douai, Mittwoch, den 7. Oktober 1874

Mein lieber Pietsch,

eben bekomme Ich Ihren, im schönsten C-Dur gestimmten Brief – und freue mich, daß es Ihnen so wohl geht. – Von mir kann Ich – leider – nicht dasselbe sagen – Ich schleiche noch immer auf meinen kranken Füßen umher wie ein ganz alter, gebrechlicher Mensch. – Kommen Sie doch nach Paris im Winter – und seien Sie des wärmsten Empfangs sicher.

Ich schicke Ihnen mit der heutigen Post die „Tentation de St. Antoine". Wissen Sie, ob J. Schmidt sein Exemplar bekommen hat? – Lindaus trefflichen Artikel habe Ich gelesen und ihn in seinem Auftrag an G. Flaubert geschickt. – „Kolossal reich" bin Ich nicht geworden – habe aber etwas Geld mehr in die Hände bekommen als gewöhnlich – und habe es natürlich unverzüglich aus dem Fenster geworfen. So viel hab Ich geworfen – daß mir keine irgendwie anständige Summe übrig bleibt – um sie für das Bild des armen Gierembski zu offerieren. – Könnten 200 oder 250 Taler ausreichen – so schlagen Sie zu! Ist es aber ein Meisterwerk – wird es natürlich viel mehr kosten!

Der ganzen Familie geht es gut ... Man lebt in Erwartung des großen Ereignisses – nämlich was Didie betrifft.

Ihren Aufsatz in der Schlesischen Zeitung habe Ich nicht bekommen – Schicken Sie ihn doch. – Die Récits d'un chasseur sind angekommen – vielen Dank! – Man schickt mir zur Revision die Korrekturbogen der Skizzen: der Übersetzer ist nicht sehr stark im Russischen – und manches ist ganz schief, wofür Sie aber nicht verantwortlich sein können. – Ich glaube – auf die Art wird der Text endlich richtig hergestellt.

Und nun – leben Sie wohl und grüßen Familie und Freunde. Ich drücke Ihnen herzlich die Hand.

Ihr I. Turgenjew

Paris, 50, rue de Douai, Montag, den 16. November 1874

Mein lieber Pietsch,

Ihr Brief hat mir viel Freude gemacht. An Ihrer Freundschaft habe Ich nie gezweifelt – es ist aber immer angenehm – einen so warmen Händedruck zu empfangen. –

Nach Paris müssen Sie ganz gewiß kommen! - Frau Viardot hat schon an Halangier (den Direktor der Großen Oper) geschrieben - und eine rücksichtsvolle Antwort bekommen. - Sie werden einen Platz haben - (was, beiläufig gesagt, beinahe ebenso leicht - oder so schwer ist - als seinen eigenen Ellbogen zu beißen). - Die Eröffnung geschieht wahrscheinlich Anfang Januar.

Grüßen Sie Julian Schmidt und sagen Sie ihm - Ich habe sein Buch schon längst bei einer hiesigen Buchhandlung bestellt - es ist noch immer nicht da - ist es in Leipzig erschienen? - Wie könnte man sein „Essay" über Frau Stein zu lesen bekommen? - Die „Deutsche Rundschau" hat man mir zugeschickt - die Stormsche Novelle hatte Ich noch nicht gelesen - werde es aber jetzt gleich tun. -

Potz Blitz! Was sind die Kunstwerke bei Euch in Berlin teuer! Unerschwinglich für unsereinen! - Wenn Sie nach Paris kommen - wird das Porträt der Frau Viardot von meinem Landsmann Harlamoff fertig sein. Es hat nur 3000 Francs gekostet - und dennoch behaupt' Ich steif und fest: es gibt jetzt keinen Maler auf dem ganzen Erdrund, der so etwas leisten kann. - Freilich läßt er sich jetzt für seine Porträts 10 000 Franks zahlen - wir haben ihn im Moment des Aufblühens ergriffen.

Ich bekomme eben die letzten Korrekturbogen der „Skizzen". O der Wonne! - Nein - einen so miserablen Übersetzer hat es noch nicht gegeben. - Ich schreibe es dem Berserker! In „Tchertapkhanoffs Ende" sagt zum B. der Diakonus: Ihr seid ein kluger Mann, Aki Rebb! - Wer ist dieses neue, talmudartige Individuum? Auf Russisch steht: aki Lew - wie ein Löwe! - Und sic in infinitum. Das war eine wahre Qual - dieses Verbessern! - In seinen eigenen Quark die Nase zu stecken - ist schon so nicht angenehm - und nun dieses verfluchte „Ungefähr". - Ein anderes Beispiel. - „Ssajelka" heißt auf Russisch eine Lache - une mare; - der Herr Übersetzer kennt das Wort nicht - glaubt aber - es käme vom Verbum: „ssajat" - pflanzen. Also muß es ein Baum sein. - „Ssajelka" hat aber im Original ein Epitheton - das schmutzig heißt: wir sagen also - düster, dunkel; - und aus einer „schmutzigen Lache" - wird

Turgenjew

ein „schattiger Baum". – usw. usw. – Hole der Teufel den Berserker! –
Grüße bestens Familie und Freunde.

Ihr getreuer I. Turgenjew

P. S. Der Familie Viardot geht es gut, obgleich alle die Grippe haben; – Didie ist sehr nervös. – Der letzte Monat!!

Paris, 50, rue de Douai, Freitag, den 27. November 1874

Um Gottes willen, Pietchie carissime, wie können Sie sich so viel böses Blut, so viel herbe Vorwürfe wegen der „Jagdskizzen" machen?! – Da sind Sie recht der Mann des Superlativs!! – Sie haben alles getan, was in Ihren Kräften lag, Ich habe mich über den Herrn Übersetzer geärgert – jetzt ist das alles von den Fluten der Vergessenheit verschlungen – und es bleibt mir nur noch übrig, Ihnen meinen besten Dank für Ihre Mühe zu sagen. Also Sie kommen nach Paris. – Bravo! – Das ist eine gute Idee. – Wir machen noch ein kleines hübsches Diner zusammen, wenn mich auch die Gicht nicht in Ruhe läßt.

Ich habe mich über den „Waldwinkel" hergestürzt ... und ... und muß bekennen, daß Ich Ihren gewöhnlichen kritischen Scharfsinn vermißt habe. – Mein Freund, dieses Stormsche Produkt ist schwach – „Ich schwör' es bei unsrer Liebe!" wie Ottavio im D. Juan singt. – Alles ist hart, unmotiviert – man wird von keiner der drei Figuren gewonnen, selbst vom Hund nicht, der auch etwas literarisch aussieht, und die Poesie wird wie Butter aufgeschmiert. Vielleicht irre Ich – aber vielleicht auch Sie. –

Hier geht alles den gewohnten Gang – man ist voller Erwartung (à propos, was sagen Sie zu den Munizipalwahlen?) – Grüßen Sie Familie und Freunde – Ich drücke Ihnen herzlich die Hand.

Ihr I. Turgenjew

50, rue de Douai, Dienstag, den 22. Dezember 1874

Lieber Freund,

Ich bin eine Antwort schuldig, und Sie finden gewiß – Ich sei ein nachlässiger Korrespondent – aber Ich wollte etwas Positives abwarten, und der Lump – der Halangier – (der Direktor nämlich) hat bis jetzt keine entscheidende Antwort gegeben! Die Eröffnung[1] erfolgt wahrscheinlich Ende Januar – sobald Ich etwas Sicheres erfahre, werden Sie es wissen.

Das große Ereignis hat vorgestern, Sonntag, den 20. um 7½ Uhr morgens stattgefunden. – Ein prachtvolles Kind, ein Töchterchen, ist zur Welt gekommen – aber leider mit vieler Müh und Not – und die Mutter, die Didie – ist sehr angegriffen!! Ihr Zustand ist bis jetzt nicht gefährlich – aber ehe neun Tage vergehen – (die verhängnisvollen neun Tage) – werden, wie die Spanier sagen, unsere Seelen an einem Bindfaden schweben! –

Frau Viardot hat mir gestern gesagt, sie würde Ihnen heute schreiben.

Der Berserker verspricht mir, einen anderen Übersetzer aufzustöbern – und wird Ihnen sofort ein Exemplar der Skizzen zukommen lassen.

Man hat dem Kinde die Namen Jeanne Edmée gegeben.

Viele Grüße an Familie und Freunde. Ich drücke Ihnen herzlich die Hand.

Ihr I. Turgenjew

Paris, 50, rue de Douai, Dienstag, den 13. April 1875

Liebster Pietsch!

Diesmal bin ich unschuldig wie das kaum erst geborene Lamm! Ich hatte auf Ihren Brief geantwortet – Sie scheinen aber nichts bekommen zu haben. – Ecce signum: in meinem Briefe hatte Ich Sie gebeten, den Jul. Schmidt zu fragen, warum er auf meine Anfrage: ob er Flauberts „Education Sentimentale" kenne und ob er wünsche, daß Ich das Buch ihm schicke – mit keiner Silbe geantwortet hat? – Auch habe Ich Ihnen mancherlei mitgeteilt: es war überhaupt ein etwas langer und nicht uninteressanter Brief. – Nun ist er in dem Schoß der Vergessenheit begraben – und Ich kann Ihnen heute nur sagen, daß es dem ganzen Hause, inklusive meiner Wenigkeit, ganz gut geht – und daß das Leben sich ganz hübsch abhaspelt. Leider sind Sie unwohl!

---

[1] Der neuen Großen Oper (von der Hand Ludwig Pietschs hinzugefügt).

Hoffentlich wird die vorgenommene Kur einen glücklichen Ausgang haben. – Sie können aber wie König Roderich in der Schlangengrube ausrufen: Ach ... Ich leide da – womit Ich am meisten gesündigt habe. – Und Sie werden noch sündigen, was Ich Ihnen von Herzen wünsche. –

Nur noch ein paar Worte: Ich habe die letzte Nummer der Gegenwart bekommen mit einem über alle Maßen schmeichelhaften Artikel über mich. Nur ist das eine ganz falsch: Mein Vater hieß wohl Sergei – aber Nikolaitsch – nicht Iwanitsch – war ein höchst entfernter Verwandter der Gebrüder N. und A. Turgenjew – und somit gar nicht ihr Bruder. – Der Bruder Sergeis ist nie Militär gewesen, sondern hat in der Diplomatie gedient. Er starb 1827 in Dresden – mein Vater 1834 in Petersburg. – Von den Familientraditionen wußte Ich nichts – meine Jugend habe Ich weit von dem sogenannten öffentlichen oder Städteleben zugebracht: den frühen Haß der Sklaverei und Leibeigenschaft hat mir die Umgebung eingeimpft, die herzlich häßlich war. Wenn Sie glauben – eine Rektifikation sei nicht unnütz – so machen Sie eine in meinem Namen – und schicken Sie sie der „Gegenwart" in Gottes Namen – Ich ermächtige Sie dazu! –

Und nun – leben Sie recht wohl mit Familie und Freunden! – Im Juli bin Ich wahrscheinlich in Berlin – wo sind Sie dann? – Vielleicht in Patagonien oder im eroberten Brüssel!! Jedenfalls drücke Ich Ihnen herzlich die Hand

Ihr I. Turgenjew

P. S. Wenn Ich, Ihrer Meinung nach, eine schriftliche Erklärung selbst der „Gegenwart" abgeben soll, so seien Sie großmütig, schicken Sie mir ein stilistisch reines Modell, das Ich dann – wie bei einer anderen Angelegenheit – sklavisch kopieren werde.

Karlsbad (Böhmen), König von England, den 9. Juni 1875

Mein lieber Pietsch,

Ich muß Ihnen doch schreiben, ehe Sie nach Italien weggehen! – Seit 6 Tagen bin Ich hier und werde wahrscheinlich noch 5 Wochen hierbleiben. – Am 18. Juli (dem Geburtstag von Frau Viardot) – bin Ich in Bougival, wo die ganze Familie sich aufs reizendste etabliert haben. – Sie sind jetzt alle zusammen – und Didie ist auch da – mit ihrem kleinen Engel von Töchterlein. – Es geht ihnen allen recht gut. – Mir auch – nicht übel.

Es freut mich zu erfahren, daß Sie wieder „in integrum" restituiert sind. Jetzt kann es wieder losgehen! – Und wird auch losgehen. – Denn Sie sind ja der ewig Jugendliche und ewig Frische! Ich habe hier die Bekanntschaft eines dramatischen Dichters gemacht, der Moser heißt und Sie sehr lieb hat. Der alte Laube ist auch da. – Sieht sehr grimmig aus – ist aber ein sehr gutmütiger Mensch. – Frau v. Wresski kommt nach Marienbad – Ich werde sie wahrscheinlich zu sehen bekommen. – Es lebt hier eine Fürstin Bariatinski, ein noch junges Geschöpf mit silberweißen Haaren. – Die würde Ihnen den Kopf verdrehen! – Ein merkwürdiges Individuum! Trocken, stolz, sinnlich wie der Teufel, dabei keusch und poetisch – und bös und zart – so ein mixtum compositum ist mir selten vorgekommen.

Zola ist 36, Daudet (nicht Dodet) etwa 34 Jahre alt. – Rubinstein hat große Furore in Paris gemacht. – Sehr schöne Partien in den „Makkabäern"! – Hängt es aber von der hebräischen Färbung ab – oder ist es individuell? Das werden wir erst abwarten müssen. – Des jungen französischen Komponisten Bizet Tod ist ein großer Verlust. Wenn man seine „Carmen" irgendwo in Deutschland gibt – versäumen Sie nicht, dahin zu gehen. – Es ist das Originellste, was seit Gounods „Faust" in Frankreich erschienen ist. –

Die Erzählungen, von denen Sie sprechen, sind in einem Bande – unter dem Titel „Étranges Histoires" französisch erschienen – sind aber, glaube Ich, schon vergriffen.

Grüßen Sie Jul. Schmidt – er hab noch immer mich nicht wissen lassen, ob er Flauberts „Education Sentimentale" gelesen hat. – Ich schreibe ihm nächstens.

Ich drücke Ihnen herzlich die Hand und wünsche glückliche Reise.

Ihr I. Turgenjew

Bougival (bei Paris), Les Frênes, den 6. November 1878
Lieber Freund,
Ich habe schon lange Ihnen schreiben wollen; aber wohin? „A Louis Pietsch – en Europe" – das wird noch kommen, ist aber jetzt noch etwas frühzeitig. –
In Mailand waren Sie ja nur wie ein Zugvogel. – Nun aber, denke Ich mir, müssen Sie endlich nach Berlin zurückgekehrt sein. – Also – en avant, Landgrafenstraße Nr. 8.
Eigentlich habe Ich nicht viel zu sagen – und will bloß ein Lebenszeichen geben. – Träge Ruhe, Schwäche der organischen Funktionen, Nichtstun und nicht einmal heitre Trostlosigkeit – das sind die Hauptsymptome eines Lebens, das in drei Tagen sein 57. Jahr vollenden wird.
Verschwinde, Traum!
Das Einzige, was noch unsereinen amüsieren kann – ist das Anschauen fremden, jungen, glücklichen Lebens. Solches Leben habe Ich beständig unter den Augen. –
Der ganzen Viardotschen Familie geht es wohl und gut.
Mit dem Schriftstellern ist es radikal aus – Ich habe nichts mehr zu sagen und will nichts mehr zu sagen haben.
Die besten Grüße Ihrer Familie und einen warmen Händedruck für Sie. – Wir bleiben hier noch ein paar Tage – dann geht der Dussel wieder 50 Rue de Douai los.
Ihr ergebener I. Turgenjew

Paris, 50, rue de Douai, Mittwoch, den 29. Dezember 1875
Liebster Pietsch,
Prosit Neujahr! – Das noch lebende alte Jahr soll nicht zu Grabe getragen werden, ehe Ich die Schuld meines langen Schweigens wenigstens etwas abbüße. – Auch bitte Ich Sie, meinen herzlichen Dank jenen unbekannten schönen Damen und sonstigen Freunden, die die Liebenswürdigkeit haben, mich zu gratulieren, bestens abzustatten! – Der ganzen Familie natürlich – meinen Gruß und Kuß!
Die Rüstigkeit und Frische des Geistes und des Körpers, welche diesmal jede Zeile Ihres Briefs durchwehen – hat mich

sehr erfreut. Hier ist endlich ein Mensch, dem es gut geht und der es fühlt und sagt! – Übrigens geht es im Hause Viardot auch nicht schlecht. – „Sin novedad" – wie die Spanier sagen. – Gesundheit und Ruhe auf allen Punkten. Grade jetzt ist die Familie so zahlreich vertreten wie nie – Manuel aus London ist da; – auch Louise. Louise bleibt sogar in Paris – zwar nicht im elterlichen Hause. – Das wäre ein bißchen penibel. Sie ist aber besser geworden. –

Mir geht es auch nicht schlecht. Poesie und Gicht lassen mich in Ruhe. Leider auch die Jagd, die in Frankreich gar nicht existiert. Arbeiten tue Ich sehr wenig. – In der „Gegenwart" wird dennoch eine kleine Erzählung von mir erscheinen. – (Titel: Die Uhr; Wert: unbedeutend.) – Man hat mir versprochen, die Korrekturen zur Durchsicht nach Paris zu schicken.

In Frankreich scheint die Republik Wurzel fassen zu wollen. – Man fürchtet hier, Bismarck würde sie – nämlich die Wurzeln – ausreißen, ehe sie weiter um sich greifen. – Aber Ich glaube, Bismarck – a d'autres chats à fouetter.

Ich sehe Sie vielleicht im Februar oder März – wenn Sie nicht irgendwo schwärmen werden – Bis dahin – leben Sie recht wohl – Ich drücke Ihnen herzlich die Hand.

Ihr I. Turgenjew

Paris, 50, rue de Douai, Freitag, den 28. Januar 1876

Lieber Pietsch,

Ich habe von Ihnen einen großen und schönen Brief bekommen mit einer schönen und großen Photographie. Ich hätte gleich antworten sollen – aber Ich bin eben ein Faulpelz. – Nun schreibe Ich Ihnen folgendes:

Nicht Frau Viardot, die Paris nicht verlassen hat, sondern ihre Tochter, Frau Louise Héritte-Viardot, die aus Brüssel nach Paris übersiedelt – hat diese fatale Eisenbahngeschichte mitgemacht. – Sie war nahe daran, von einem Wagen totgedrückt zu werden – ein Baum hat sie gerettet. – Ihr Gesicht war aber ganz blau und geschwollen, als sie (vor zwei Wochen) ankam – und der eine

Arm war sehr gequetscht, beinahe gebrochen – Jetzt hat sie sich erholt – und in einer Woche bleibt hoffentlich nichts von der ganzen Affäre. – Bis jetzt wohnt sie Rue de Douai.
Der ganzen übrigen Familie geht es gut.
Ich habe einen – zum Glück nicht heftigen – Gichtanfall gehabt: jetzt ist er beinahe vorüber.
Ich habe ein sehr kleines Ding geschrieben – das in ein paar Tagen in der „Deutschen Rundschau" erscheinen wird: lesen Sie es mit Nachsicht.
Vielleicht schreib' Ich jetzt etwas Längeres – wo nicht Größeres – Ich verspüre etwas Lust dazu. – Im April komme Ich ganz gewiß nach Berlin – oder im Mai.
Harlamoff hat ein wunderbares Porträt von mir gemalt: es steht seit gestern unten in der Galerie. Es freut mich herzlich, daß Sie so lebenslustig sind und immer noch fortfahren – die schönsten Rosen der Erde und die hellsten Sterne des Himmels zu pflücken: möge es noch lange so fortfahren! –
Grüßen Sie Familie und Freunde: Ich verbleibe in alter Treue

Ihr I. Turgenjew

P. S. Ich bekomme eben einen mit Lapidarbuchstaben geschriebenen Brief von Menzel, der mir von seinem historischen Karton spricht, den Ich vielleicht kaufen möchte – nicht für mich – sondern als Gabe für eine Moskauer Zeichnungsschule; könnten Sie vielleicht – mit der Ihnen innewohnenden insinuanten Diplomatie das Wieviel? ungefähr erfahren? –

50, rue de Douai, Paris, Sonnabend, den 25. November 1876

Mein lieber Pietsch,

daß Ich Ihnen nicht gleich auf Ihren freundlichen Glückwunschbrief geantwortet habe – ist zwar eine Schmach – Ich will mich auch nicht rechtfertigen – und ist doch kein Beweis von Vergeßlichkeit oder Indifferenz! Nein – Sie sind mir immer herzlich lieb und Ihr Brief hat mich innig erfreut – aber Ich bin alt und faul und schwer geworden – und zudem hatte Ich an meinem Manuskript herumzumäkeln, das erst vorgestern nach Petersburg abgegangen ist – und die Zeit schmilzt einem jetzt wie Butter – et voilà! –

Jetzt aber pünktlich und ernst!

1) Sollte der Krieg losgehen – Ich zweifle noch immer daran – kann Ich Ihnen zwei Briefe zusenden – den einen an den Kriegsminister D. Milutin – den andern an den Fürst Tscherkaßky, der an die Spitze des ganzen Hospital- und Sanitätswesens gestellt wird. – Die beiden Herren kenne Ich – und vielleicht legen sie Wert auf meine Rekommendation.

2) Ich gehe Mitte Januar nach St. Petersburg – über Berlin – vielleicht könnten wir dann die Reise zusammen machen – Mein Roman erscheint erst im Januar – die Übersetzung wahrscheinlich erst im Februar.

3) Herr Mannhardt ist hier angekommen – und Storm hat mir seine Novelle „aquis submersus" zugeschickt. Herr Mannhardt scheint ein sehr braver Norddeutsche zu sein – und die Novelle ist fein und poetisch – nur hie und da ein bißchen peinlich. –

4) Der ganzen Familie Viardot geht es ganz gut. – Paul hat mit dem größten Eklat im Cirque National vor 4000 Personen mit dem Mendelssohnschen Concerto debütiert – Frau Viardot ist gesund und rüstig.

5) Meine Gicht schweigt; – mein Nierenleiden spricht von Zeit zu Zeit. – Mein Gemütszustand – grau mit gelblichen Flecken. –

Und nun tausend Grüße an Familie und Freunde – und einen herzlichen Händedruck für Sie.

Ihr I. Turgenjew

50, rue de Douai, Paris, Donnerstag, den 28. Dezember 1876

Prost Neujahr, lieber Pietsch!

Vielen Dank für Ihren Brief – Ich fürchte – es wird ein schweres Jahr für Rußland sein. – Nach Petersburg gehe Ich ganz gewiß anfangs Februar, und wenn Sie wollen oder können, reisen wir zusammen aus Berlin.

Turgenjew

Das von Ihnen gewünschte Buch schicke Ich Ihnen „sous bande". Es war nicht leicht zu finden. Aber Ihr beigelegter Karton (die Photographie mein' Ich) war eben nicht beigelegt. – Jetzt aber rechne Ich darauf.

Hier ist alles wohl und munter; Kathi hat wirklich Ihren hübschen und freundlichen Artikel über Paul an Frau Viardot geschickt. Sie bleiben der alte Getreue!

„A propos de photographies" – sagen Sie doch Julian Schmidt, wenn Sie ihn sehen – „que je ne me tiens pas quitte" – der Photographien Zolas und Flauberts – die Ich ihm versprochen habe. – Er wird sie – trotzalledem – bekommen. –

An Storm habe Ich geschrieben und ihm für sein „aquis submersus", den er mir in einer höchst eleganten Ausgabe geschickt hat, höflichst gedankt. – Die Novelle ist fein und zart; aber, um Gottes willen, wie ist es möglich, z. B. den Knaben kurz vor seinem Ertrinken – vom Paradies und Engeln singen zu lassen! – Das erste beste Kinderliedlein würde zehnmal mehr Wirkung machen. Zwei Fehler begehen stets die Deutschen, wenn sie erzählen: das leidliche Motivieren – und die ganz vermaledeite Idealisation der Wahrheit. – Faßt die Wahrheit einfach und poetisch auf – das Ideale bekommt ihr obendrein. – Nein; – die Deutschen können die ganze Welt erobern; – aber das Erzählen haben sie verlernt... eigentlich nie recht gewußt. – Wenn der deutsche Autor mir etwas Rührendes erzählt – so kann er nicht umhin – mit dem einen Finger auf sein eigenes weinendes Auge zart hinzuweisen – mit dem andern aber mir, dem Leser, einen bescheidenen Wink zu geben, daß Ich ja nicht das Rührobjekt unbeachtet lasse!

In Petersburg ist die Kälte auf 40 Grad gestiegen. – Hier haben wir Tauwetter, und wie ist es in Berlin? –

Viele Grüße allen Freunden und der Familie; – Ich drücke Ihnen die Hand und bin

Ihr treuer I. Turgenjew

50, rue de Douai, Paris, Sonntag, den 4. Februar 1877

Liebster Pietsch,

Jeden Brief muß Ich mit einer Entschuldigung anfangen – so auch diesen. – Ich hätte Ihnen viel früher für die endlich glücklich angekommene Photographie des Menzelschen Kartons danken müssen. – Aber nur der Ausdruck der Dankbarkeit war verspätet – sie selber ist schon lange da. – Ich liebe das Ding sehr. – Es ist ernst und wahr – und ist das Werk eines Meisters.

Es freut mich, daß Sie an meiner kleinen, halb phantastischen, halb physiologischen Erzählung Geschmack gefunden haben. – Ich fürchte, der große Roman wird Ihnen, wegen der endlosen Verzettelung der Feuilletons, langweilig vorkommen.

„E pur si muove!" sag Ich mit Galilei. – Und hätte der Knabe in der Stormschen Novelle ein solches Liedlein singen können, so hätte er es nicht tun müssen – denn der Autor kommandiert ja – und das alte Goethesche Wort bleibt ewig wahr: „Man merkt die Absicht" usw. – Deutsche Schriftsteller – meidet den Fingerzeig – sei der Finger auch noch so schön – und dessen Bewegung – noch so zart!

Der ganzen Viardotschen Familie geht es gut. – Wir haben gestern einen Ball hier gehabt, der bis 6 Uhr morgens währte. – Didie und Marianne waren, wie natürlich, – les reines du bal. – Auch hatten wir ein paar sehr schöne Russinnen.

Es tut mir sehr leid, daß es Ihnen nicht ganz gut geht – und daß der Mißmut sich eingestellt hat! – Dieses Kraut muß man gleich ausroden – sonst sind wir Alten verloren. Grüßen Sie den Julian Schmidt. – Ich schicke ihm den „Assommoir" von Zola. Das ist ein ganz wüstes Buch, – das Wort „merde" kommt ein Dutzend Mal vor – „en toutes lettres" – aber es steckt ein großes Talent darin. – Den Deutschen wird es doch zu stark vorkommen. – Ich auch habe es mit einem Gemisch von Abscheu und Bewunderung gelesen; – endlich nahm doch der Ekel überhand. – Aber es ist – „un signe du temps" – wie die Franzosen sagen; hat auch einen enormen Erfolg.

Grüßen Sie alle Freunde und Familie; Ich drücke Ihnen herzlich die Hand. Ihr I. Turgenjew

P. S. Am 15. März – komme Ich, si vivo – in Berlin an. Frau Viardot läßt Sie bestens grüßen.

Paris, 50, rue de Douai, Montag, den 12. März 1877

Um Himmels willen – Wie? – Was? – Sie, der Ewig-Junge, Elastische, Unverwüstlich-Unversehrte – und den Arm gebrochen? – Und noch dazu im eigenen Zimmer – durch ein Ausgleiten des Beins – und nicht durch den Sturz von einem spanischen Balkon, woran die seidene Leiter noch angeknüpft schwebt – oder von dem Rücken eines wilden, nie gezähmten Rosses? – Spaß beiseit' – armer Freund, Ich bedaure Sie herzlich. – Ich bin selbst „non ignarus mali" – Ich habe mir dreimal den Arm gebrochen – sehr unangenehm ist es – aber nach sechs Wochen geht es wieder gut – und so hoffe Ich auch, bald stehen Sie wieder in der Vollgewalt Ihres apollinischen Leibes. – Die ganze Familie hier hat ein trauriges „Oh!" ausgestoßen – als Ich ihr die fatale Nachricht mitteilte – und schickt Ihnen ihre besten compliments de condoléance. Es geht hier allen ganz gut – „sin novedad", wie die Spanier sagen.

Es tut mir leid, daß Sie meinen Roman so tropfenweise verschlucken; erstens ist das in jedem Falle eine schlechte Methode; – zweitens – ist die Übersetzung – unter uns gesagt – höchst mittelmäßig. – Der Übersetzer kennt die tote russische Sprache wohl – die man in den Lexicis finden kann; von der lebendigen hat er einen sehr schwachen Begriff – und wo er nicht versteht, da springt er herüber. Die französische Übersetzung, die im „Temps" erscheint – ist vortrefflich; sobald sie als Buch erscheint, haben Sie ein Exemplar – und Julian Schmidt auch. Möchten Sie bis dahin das Zeug nicht lesen!

Trotz alledem komme Ich doch nach Berlin, und noch im Aprilmonat! – (à propos – die erste Reise Frau Viardots nach Rußland fand im Jahre 1843 statt.) Fräulein Gerster ist in der Großen Oper in Paris engagiert: also werden wir dieses Wunder zu hören bekommen! – Die herrliche Stimme Fräulein Busse habe Ich gewiß nicht vergessen. – So etwas vergißt man nicht. – Grüßen Sie die Dame in meinem Namen, wenn sie sich meiner noch erinnert – und sagen Sie ihr: noch klingt mir Ihr hohes A (war es ein A? immer gleich!) – in dem Fescaschen Liede – in den Ohren. –

Grüßen Sie die übrigen Freunde und Familie bestens – und genesen Sie – cito, citius, citissime. – Ich drücke behutsam aber herzlich Ihre kranke Hand und bleibe

Ihr alter Freund
I. Turgenjew

Bougival, Les Frênes. Châlet, Montag, den 17. September 1877

Mein lieber Freund,

Entschuldigen Sie, daß Ich nicht gleich geantwortet habe. – Meine Gemütsstimmung ist eben zu miserabel – Sie wissen wohl warum. – Das war auch die Ursache, warum Ich mich so heimlich durch Berlin durchstahl. – Ich sah schon alles im voraus kommen, hätte mich explizieren müssen usw. – und floh schon damals die Begegnung mit menschlichen Gesichtern.

Der Anfang Ihres Briefs ist höchst traurig: wollen wir hoffen, daß es mit Ihrem Asthma doch nicht so schlecht steht – und daß Sie sich wieder bald – als der „unverwüstliche Jüngling" – entpuppen. Hier geht alles ganz gut. – Marianne läßt sich schönstens für Ihre Glückwünsche bedanken. – Sie und er – sie sind beide jetzt in der Turteltaubengirrperiode. – Die Hochzeit findet statt Ende Oktober. Um diese Zeit kehrt auch die ganze Familie nach Paris.

Die Briefe etc. im Hotel du Louvre sind einmal verloren gegangen! – Wer weiß, in welche Hände sie geraten sind. – Machen Sie sich doch keine Sorgen wegen der 100 Francs.

Grüßen Sie Familie und Freunde. – Wenn es mir besser geht, schreibe Ich wieder.

Ihr I. Turgenjew

P. S. Schicken Sie mir Ihr Buch, das Ich gewiß lesen werde, wie Ich bis jetzt alle Ihre Bücher gelesen habe. Meine „Lebenserinnerungen" existieren gar nicht als separates Buch: – als Vorwort zur vollständigen russischen Ausgabe meiner Sachen habe Ich einige kleine Aufsätze zusammengestellt – unter dem Titel: „Erinnerungen aus der Literatur und dem Leben". Ich spreche darin von meinen Begegnungen mit Bielinski (unserem großen Kritiker), Puschkin, Gogol usw. – und – natürlich – so wenig wie möglich von mir selbst. – In seinem letzten Buche hat Julius Eckardt etwas daraus exzerpiert: das, was er übrig gelassen hat, würde Ihnen wenig nützen. – Gern würde Ich Ihnen etwas Kleines zur Übersetzung anvertrauen; da Ich aber ganz gewiß weder etwas Großes noch Kleines je schreiben werde, so habe Ich auch nichts zu versprechen.

Bougival, Les Frênes, den 8. Oktober 1878
Mein lieber Freund,

Ich bin hier, wie Sie vermuten, seit ein paar Wochen – und habe mich leider in Berlin nur ein paar Stunden aufhalten können, da Ich dem dritten russischen Konzert noch beiwohnen wollte. – Die ganze Familie habe Ich hier gesund und wohl angetroffen. – Ich bedaure herzlich, daß es mit der Ihrigen nicht so gut geht. – Manches Wunderliche habe Ich in Rußland allerdings erlebt – worüber sich bei Ihrer Ankunft in Paris ganz gemütlich plaudern lassen wird. – (Es kommt mir vor, Ich schreibe ein ganz ungrammatikalisches Deutsch – aber das hat keine Bedeutung!).

Meinen „Traum" haben Sie richtig nacherzählt; – Ich wundere mich aber ein bißchen darüber, daß Sie es wert gefunden haben, so etwas dem lieben publico mitzuteilen. Aber, o fürchterlicher Freund, Sie überschütten mich ja mit einer wahren Sturzflut von Komplimenten! Nun werde Ich den Mund nicht öffnen können, ohne zu denken: „aufgepaßt! jetzt mußt du deinen Zauber ausüben!" – So zauberhaft glaubte Ich wirklich nicht zu sein.

Mit dem größten Vergnügen würde Ich Sie autorisieren, den „partage" zu verdeutschen: das kleine Ding ist schon aber übersetzt und wird nächstens in Westermanns Illustrierten Heften erscheinen.

Auf baldiges Wiedersehen also! und einen herzlichen Händedruck von Ihrem

I. Turgenjew

50, rue de Douai, Paris, Donnerstag, den 9. Januar 1879

Lieber Pietsch,

Jetzt hört aber alles auf – und Ich muß ernst werden. – Hören Sie! – Aus Weimar kommt die Nachricht, daß, wenn Luisens Oper nicht schon in den nächsten Tagen ankommt, die Aufführung am 8. März (dem Namenstag der Großherzogin) – unmöglich wird – und man sich anderswo umsehen wird. – Nun muß das Manuskript (mit dem übersetzten Text) – ehe es nach Weimar abgeschickt wird – nach Paris kommen, Luise muß die deutsche Version an ihre Musik anpassen, manches vielleicht verändern und kopieren – und das Manuskript ist nicht bloß nicht in Paris – ja Dohm hat nicht einmal den Empfang angezeigt – und auf keinen der drei dringenden Briefe von Mme Viardot mit einer Zeile geantwortet. Das sind ja die Herkulessäulen der... wie soll Ich es nennen? – der Zeremonielosigkeit. Somit verliert die arme Luise – die wahrlich diesen Schlag nicht nötig hatte – um von ihrem Pech reden zu dürfen – die einzige Chance, aufgeführt zu werden! – Ich beschwöre Sie – bei unserer alten Freundschaft – diesen Brief Dohm zu zeigen und zu lesen – und wenn auch jetzt nichts geschieht – nun – da werde Ich wissen, was Ich überhaupt von deutscher Pünktlichkeit, deutscher Freundschaft usw. halten soll. –

Ich brauche kein Wort mehr zu schreiben. – Leben Sie wohl!

Ihr ergebener I. Turgenjew

50, rue de Douai, Paris, Dienstag, den 14. Januar 1879

Mein lieber Pietsch,

Sie haben meinen Brief schief angefaßt. Alle die harten Ausdrücke galten ja nicht Ihnen – kein Lamm ist so unschuldig wie Sie in der ganzen Geschichte – sie galten natürlich Dohm, dem Sie den Brief zeigen mußten. – Wenn Sie sich die Sache objektiv besehen – werden Sie hoffentlich gestehen, daß er wirklich unverantwortlich gehandelt hat. – Es wäre ihm so leicht gewesen, eine abschlägige Antwort zu geben – und das Manuskript zurückschicken – so aber, bei allem guten Willen des Großherzogs, Lassens und der Theaterdirektion, wird wahrscheinlich die ganze Affäre ins Wasser fallen – und Louise bekommt – um in Bismarcks gewähltem Deutsch zu reden (vide Busch) – einen „Knacks", von dem das arme Ding sich nicht erholen wird.

Und nun genug! Sapienti sat. An meiner Freundschaft können Sie ebensowenig zweifeln wie Ich an der Ihrigen. –

Ihr I. Turgenjew

Hotel St. Petersburg, Unter den Linden 31, Berlin

Ich erteile hiermit dem Schriftsteller Herrn Ludwig Pietsch zu Berlin die ausschließliche Autorisation, das von mir verfaßte Drama in zwei Akten – „Das Gnadenbrot" – in deutscher Bearbeitung auf deutschen Bühnen aufführen zu lassen und übertrage ihm meine Autorenrechte daran in ihrem ganzen gesetzlichen Umfange.

Iwan Turgenjew

Berlin, 18. Februar 1879

Bougival, Les Frènes, Châlet (Seine et Oise),
Mittwoch, den 12. November 1879

Vielen Dank, liebster Pietsch, für Ihren liebenswürdigen, glückwünschenden Brief: Frau Viardot nennt Sie mit Recht – le vieux fidèle.

Es freut mich, daß es Ihnen „en gros" gut geht; Ich kann mich auch nicht besonders beklagen. – Leider ist die ganze Viardotsche Familie entweder kränklich oder convalescent; der alte Viardot ragt allein in unerschütterlicher Festigkeit – wie ein Granitfels – trotz seiner 80 Jahre: wenn wir zusammen spazieren gehen, hält man mich für seinen Vater.

Seit einiger Zeit werde Ich von etlichen journalistischen Individuen mit Briefen be... schossen; sie wollen etwas Neues von mir haben – und Ich habe weder Neues noch Altes. – Gott sei Lob und Dank, Ich schreibe nicht mehr. – Dem Verleger des „Tageblatt" in Berlin habe Ich geschrieben, er möge

sich an Sie wenden – wegen der Übersetzung des „Pain d'Autrui"
– nur erstens zweifle Ich sehr, ob Sie die Übersetzung vollendet
haben; zweitens zweifle Ich noch mehr, ob so ein dramatisches
Ding sich für ein Feuilleton eignet. – Ich gebe Ihnen natürlich
die vollkommenste Autorisation – alles, was Sie wollen, damit
zu tun. – Sollte das Individuum zahlen wollen, was auch sehr
zweifelhaft ist – wohl bekomm's Ihnen!

Die arme Kathi dauert mich ... Grüßen Sie sie in meinem
Namen, wenn Sie sie sehen. – Grüßen Sie auch die übrigen
Freunde.

Ich gehe nach Rußland im Dezember – natürlich über Berlin;
und sehe Sie dann – natürlichst. –

Indessen leben Sie recht wohl, es wünscht Ihnen alles Gute

Ihr alter I. Turgenjew

P. S. O Himmel! Die Politik hätte Ich beinahe vergessen...
Sie wünschen meine Meinung über Deutschlands und Rußlands
Verhältnisse zu wissen? – Nun – meine Meinung ist – daß es
werden keine fünf Jahre vergehen – und es beginnt ein Ver-
nichtungskrieg zwischen beiden Völkern – und Deutschland
wird anfangen. – Da Ich aber mit absoluter Gewißheit weiß,
daß Ich im Jahre 1881 sterbe (wahrscheinlich im Monat Oktober) – so ist das alles mir – Pomade oder Kaviar, ad libitum. –

50, Rue de Douai, Paris, Montag, den 8. Dezember 1879

Hier, mein werter Freund, die umständliche Erklärung. –

1) Teletzki ist ein Petersburger Beamter, der von dem länd-
lichen Wesen, gebräuchlichen Ausdrücken usw. nichts versteht
und dennoch regieren wird und will.

2) Das ganze urbare Land eines Guts wird nach altem Brauch
(und bis jetzt noch) in drei gleiche Teile geteilt: der eine Teil
wird mit Roggen – der zweite mit Hafer, Buchweizen usw. be-
säet – der dritte liegt brach (en jachères) – und jedes Jahr
wird damit gewechselt. – Das ist eine primitive Kultur, besteht
aber bis jetzt – und wird die Dreiackerwirtschaft genannt. –

Nun kommt noch dazu Wald und Wiesen, wo Heu gemäht wird – und endlich noch das sogenannte unbrauchbare Land (entweder schlechtes oder Garten, Parks; – Wohnungsland überhaupt). – Jeder der drei Teile heißt auf Russisch klin – und wenn man wissen will, wieviel Deßjatinen (Acker) im Gute existiert – so sagt man: Wieviel im Klin. – Sollte die Antwort z. B. 100 sein – so weiß man, daß im ganzen Gute ungefähr 400 Deßjatinen sind – 300 in den drei Klins – und ungefähr 100 (so ist das gewöhnliche Verhältnis) unter Wiesen, Garten, Wald und unbrauchbarem Land. – Überdies waren noch bis zuletzt die Ländereien gewöhnlich in viele Stücke geteilt (terres morcelées), und nur die guten Güter waren „in runder Grenze" – also aus einem Stück, was man im Französischen d'un seul tenant übersetzt hat – und was Teletzki natürlich nicht versteht. – Mit dem Worte sob hat man „klin" übersetzt. Also wenn Egor – 275 dessiatines dans chaque sob – antwortet – so meint er im ganzen mehr als 800; das versteht Teletzki auch nicht – und ist dann über die große Anzahl der Äcker wieder verwundert. – Als er dann später von den brachliegenden Ländereien (en friche) spricht – so meint Egor, er wolle wissen, wieviel sogenanntes unbrauchbares Land da ist – und antwortet aufs ungefähr – da, nach altpatriarchalischer Sitte – dieser Teil gewöhnlich nicht gemessen wurde, da es kein urbares Land vorstellte. –

Ich meine Ihnen jetzt die Sache ebenso umständlich auseinandergesetzt zu haben – wie die berühmte Diskussion wegen des Kölner Wassers (erinnern Sie sich?) – und somit Gott befohlen. –

Ihr I. Turgenjew

(Seine et Oise) Bougival, Les Frênes, Donnerstag, den 11. November 1880
Mein lieber Freund,

Vielen Dank für Ihren Brief. – Von allen auswärtigen Freunden haben nur Sie und ein russisches Mädchen – eine starke Nihilistin – mich gratuliert. – Also nochmals – Dank!

Die ganze Familie Viardot ist seit Montag in Paris. – Ich bleibe hier ganz allein: Ich will versuchen, ob die Einsamkeit mich zum Arbeiten zwingen kann – wahrscheinlich nicht. –

Mit meiner Gesundheit bin Ich zufrieden. Ich habe wirklich reiten können, was seit 20 Jahren nicht geschehen ist. Didie und ihr Gemahl – (ein wunderbar hübsches Pärchen) waren natürlich immer voraus – Ich hintendrein auf einem schweren Pferd. – Didie behauptet, Ich sah aus wie ein verabschiedeter württembergscher General. – Der ganzen Familie geht es ganz gut; Didies Kinder sind zum Küssen. – Frau Viardot hat manches – und zwar Vortreffliches – komponiert. Paul hat in Spanien konzertiert – mit vielem Erfolg. – Marianne ist reizender als je – bleibt jedoch noch immer ledig.

Es tut mir leid um den armen Richter – und seine Frau. – Grüßen Sie alle alten Freunde ... fangen Sie mit Kathi an. – Ich fühle eine große Sympathie für dieses herzensgute Wesen – obgleich sie es zu bezweifeln vielleicht recht hat.

Sonst ist das Leben ... eben was es ist. Süß für die Jungen und für die, welche jung bleiben – sauer für die Alten und für die, welche alt geboren sind. – Mir ist es Kaviar, da, wie Sie vielleicht wissen, Ich anfang Oktober 1881 unvermeidlich sterben werde. – Das steht einmal fest.

Viele Grüße der Familie – und einen kordialen Händedruck für Sie. Schütteln Sie doch Ihren Rheumatismus ab! – Wie? Pietschius grandiflorus, der Spree-Apoll – und Rheumatismus?! Leben Sie recht wohl!

Ihr alter Freund I. Turgenjew

50, Rue de Douai, Paris, Sonntag, den 21. November 1880

Mein lieber Freund,

Als Ich Ihnen der Kürze wegen telegraphisch antwortete, Sie wären autorisiert, mein „Essai sur Pouchkine" zu übersetzen, habe Ich mich nur im stillen gewundert, hat der Pietsch jetzt auch das Russische gelernt? – Es gibt nämlich kein französisches „Essai sur Pouchkine" – wohl aber habe Ich im Mai in Moskau eine längere russische Rede über Puschkin bei Gelegenheit der Enthüllung seiner Statue gehalten, von einer Übersetzung jener Rede ins Französische weiß Ich nichts! - Die Rede ist später im Juli - im „Europäischen Boten" in Petersburg erschienen. - Was? Sie alter Freund und Gönner, können glauben, Ich hätte je eine Zeile in einer anderen Sprache als die russische geschrieben?! Diese Schmach tun auch Sie mir an?! - Ein Kerl, der sich als Schriftsteller geriert und mehr als in einer - seiner Muttersprache nämlich schreibt - ist, meines Erachtens, ein Lump und ein miserables, talentloses Schwein. - Überdies hat diese Rede nur für Rußland irgend eine Bedeutung - für jeden Fremden - ist sie Kaviar.

Also lassen wir diesen „Essai" - ruhig im Nichts verweilen. Ich bin jetzt wieder in Paris und reise Ende dieses Jahrs nach Petersburg. Natürlich sehe Ich Sie in Berlin. - Unterdessen tausend Grüße!

Ihr I. Turgenjew

Paris, 50, rue de Douai, den 23. Januar 1881

Mein lieber Pietsch,

Ich habe an Sie folgende Bitte. Gehen Sie zu Frau Eckert - und vor allen Dingen grüßen Sie herzlich von mir; - dann fragen Sie sie, ob ein Scenario zu einer großen fünfaktigen Oper - genannt Mirowitsch - sich in den Papieren ihres Manns vorgefunden habe? - Dieses sehr vollständige, auf deutsch geschriebene Scenario ist nämlich von mir - und Eckert hat ihn (oder es - Ich weiß nämlich nicht, ob das Wort „Scenario" masculini oder neutri generis ist) in meiner Gegenwart aus dem Französischen übersetzt. - Damals dachte er noch an die Möglichkeit, eine Oper zu komponieren. Leider ist es nicht in Erfüllung gegangen - und jetzt hat das Ding für Frau Eckert keinen Wert. - Wollte sie vielleicht die Güte haben - das Blatt Papier in Ihre Hände zu übergeben - und Sie würden es mir hierher schicken. - Ich würde Ihnen sehr dankbar sein - denn vielleicht ist noch daraus etwas zu machen. Ein Freund von mir, ein junger französischer Komponist, sucht einen Text - und vielleicht würde ihm dieser Mirowitsch annehmbar erscheinen. – Sie tuen es – gewiß? – jedenfalls fragen Sie darnach.

Ich genese kaum von einem heftigen Gichtanfall. – Drei Wochen bin Ich bettlägerig gewesen, fühle mich noch schwach auf den Beinen. Diese Krankheit hat meine Abreise nach Petersburg verzögert. – Ich hoffe doch in sechs Wochen Berlin zu passieren und sehe dann Sie, Frau Eckert – und alle sonstige Freunde.

Der ganzen Familie hier geht es wohl: sie läßt vielmals grüßen, und Ich verbleibe mit kordialem Händedruck

Ihr alter (sehr alter) I. Turgenjew

Bougival, Villa Les Frênes, Montag, den 31. Oktober 1881

Mein lieber Pietsch

Heute schicke Ich an Dernburg („National-Zeitung") die französischen Korrekturbogen meiner phantastischen Novelle. – Ich bitte ihn zugleich, Ihnen die deutschen Korrekturbogen zur Revision zu übergeben ... Es wäre noch viel besser, wenn Sie die Übersetzung übernehmen wollten. Das Ding ist gar kurz – und natürlich müßte die „National-Zeitung" Sie bezahlen. – Was mein Honorar betrifft, davon ist kaum zu reden – und Herr Dernburg wird mir etwas oder gar nichts geben – nachdem er Sie nämlich bezahlt hat.

Ich bleibe hier noch ein paar Wochen, dann gehe Ich nach Paris. Die Familie Viardot siedelt früher über. – Ich will versuchen, ob Ich in der Einsamkeit arbeiten kann.

Grüßen Sie Familie und Freunde – Ich drücke Ihnen herzlich die Hand.

Ihr I. Turgenjew

(Seine et Oise) Bougival, Les Frênes, Donnerstag, den 10. November 1881

Mein lieber Freund,

Eben bekomme Ich Ihren Brief und danke für alles Herzliche, das Sie mir sagen. – Ich bin hier jetzt ganz allein – die Familie ist nach Paris zurückgekehrt – und will versuchen, ob Ich noch arbeiten kann. – Es tut mir leid, daß nicht Sie jene italienische Legende übersetzen; das Ding ist sonst unbedeutend

Ludwig Pietsch

genug. – Ich verspreche Ihnen jedoch, daß, wenn Ich das größere Ding zu Ende bringen sollte – kein anderer als eben Sie es übersetzen wird. –

Ich habe Tolstois Roman an Jul. Schmidt vor einem Monat geschickt, weiß aber gar nicht, ob er das Werk empfangen hat – oder gelesen? – Vielleicht hat es ihm gar nicht gefallen? – Jedenfalls fragen Sie ihn darüber – und, wenn es möglich ist, lesen Sie selbst. Mein Urteil darüber steht fest: es ist das großartigste moderne Epos. – Die Übersetzung ist leider etwas platt und schwach ... Frauen- und Dilettantenarbeit!

Ich habe heute ein Beglückwünschungstelegramm von einer Gesellschaft deutscher und russischer Künstler bekommen: Ich glaube Ihre Hand darin zu erkennen. Was aber nicht Ihre Hand, sondern Ihre Handschrift betrifft, so wird die Unleserlichkeit derselben gradezu grandios! – Was soll, um Himmels willen, folgendes Gekritzel heißen, mit ängstlicher Treue nachgemacht:[1] nämlich der Name der Straße in Brüssel, wo Ihre Tochter wohnt?! – Schicken Sie mir die Lösung dieser Hieroglyphen – denn es ist sehr wohl möglich, daß Ich noch in diesem Jahre auf eine Woche nach Holland reise – und dann gehe Ich natürlich über Brüssel und sehe Ihre reizende Marie.

Grüßen Sie Familie und Freunde. – Ich drücke Ihnen herzlich die Hand.

Ihr I. Turgenjew

Paris, 50, Rue de Douai, den 19. November 1881

Mein lieber Pietsch!

Folgende Bitte an Sie! Wie Sie wissen, habe Ich dem Redakteur der „National-Zeitung", auf sein Verlangen, ein Korrekturbogen der französischen Übersetzung meiner italienischen Novelle geschickt – und die deutsche Version sollte am 15. Nov. erscheinen. Nun ist aber nichts erschienen, der Herr Redakteur hat mich nicht einmal wissen lassen, ob er das Ding erhalten hat. Wahrscheinlich findet er die Novelle unbrauchbar, auch ist

---

[1] Folgt etwas Unleserliches.

es mir ganz indifferent, ob sie übersetzt worden oder nicht: aber da kommt ein anderes Individuum aus Petersburg und bittet um meine Erlaubnis. – Ich habe ihm geantwortet, daß Ich eine solche Erlaubnis schon gegeben habe. (NB. Eigentlich braucht kein Übersetzer eine solche Erlaubnis – und jeder kann getrost das Ding aus dem Französischen ins Deutsche versieren) – da aber nichts erschienen ist, so mag er, in Gottes Namen, tun, was ihm beliebt. – Haben Sie die Güte – und schicken Sie die ganze Geschichte dem Herrn Redakteur der „National-Zeitung" mit, wenn Sie nämlich glauben – que le jeu vaut la chandelle.

Ich bin seit ein paar Tagen wieder in Paris. – Der ganzen Familie geht es leidlich – mir auch. Herzliche Grüße

von Ihrem I. Turgenjew

50, rue de Douai, Paris, den 3./15. Februar 1882

Carissime Pietsch!

Es ist mir etwas Ergötzliches passiert – das Ich Ihnen erzählen muß. – Vor kurzem erhalte Ich die Januar-Nummer des „Magazins für die Literatur des Auslandes" – mit einem Aufsatz von Herrn Byr über meine Wenigkeit. – (Ich lege ihn bei.) – Nun ist die ganze Argumentation des scharf- und tiefsinnigen Kritikers – (der das ganze, mir selbst unbekannte Wesen meiner schriftstellerischen Tätigkeit entdeckt haben will) – auf etwas basiert – das Ich gar nicht geschrieben habe. – Nämlich – das ganze reflektierende Anhängsel am Ende der Novelle: die erste Liebe – ist von meinem französischen Übersetzer (unter uns: von Viardot) aus moralischen Rücksichten zugefügt worden... in der russischen Originalausgabe existiert keine Spur davon. – Ich habe dagegen nicht protestiert. – Vielleicht hätte Ich es tun müssen, aber Sie wissen, wie wenig Ich mich um meine Sachen bekümmere, wenn sie einmal publiziert sind. – Leider ist das Ding – diesmal wider meinen expressen Willen – in die deutsche Version übergegangen. Wie wenig so etwas in meiner Natur liegt – werden Sie wohl wissen... So ein reflektierendes Nachgrübeln und Rezensieren – ist wie das Gackern der Henne nach dem Eilegen – höchst unnütz und bei dem Menschen jedenfalls verwirrend. Aber welch ein Prachtexemplar von tief- und schiefeingehender Kritik! – So etwas kommt nicht jeden Tag vor.

Glauben Sie, es sei der Mühe wert, das alles dem „Magazin" wissen zu lassen? Wäre es nur deshalb, um die deutschen Leser zu bitten, jenes moralische Schwänzchen zu ignorieren?

Hier geht alles ziemlich gut. – Wir erwarten tagtäglich die Niederkunft Mariannens. – Ende April reise Ich ab von Paris und komme nach Berlin, wo Ich Sie gewiß wiedersehen werde. – Grüßen Sie indes Familie und Freunde – und empfangen Sie den herzlichsten Händedruck

Ihres I. Turgenjew

Paris, 50, rue du Douai, Sonnabend, den 6. Mai 1882

Mein lieber Pietsch!

Wohl lieg' Ich krank – aber nicht in London, sondern einfach in Paris, das Ich gar nicht verlassen habe. – Meine Krankheit ist eine unheilbare (Angina pectoralis mit Gichtelementen). Ich bin hier in den besten Händen – weiß aber ganz genau, daß Ich vielleicht hoffen kann: nicht immer liegen zu müssen, vielleicht, wenn es hoch geht – wird mir das Sitzen nicht unmöglich; von Gehen, Stehen (geschweige eine Treppe heraufzusteigen) – kann nie mehr die Rede sein. Man hat mir schon eine ganze Schulter mit pointes de feu gebraten – morgen geht das Schmoren wieder los – aber das wird nur des Prinzips wegen getan. Hoffnung auf Genesung ist keine. – Mit meinem Individuum ist es aus; das Subjekt kann noch ein weniges mitkrabbeln.

Natürlich ist von keiner Reise die Rede mehr. – Es wird mich freuen, Sie und Ihre Tochter hier zu sehen.

Ich habe Ihnen vor einigen sechs Wochen einen langen Brief geschrieben mit einem Journalausschnitzel. Sie haben ihn wahrscheinlich nicht bekommen – denn Sie sind sonst ein heiliger (?) Korrespondent.

Grüße Familie und Freunde – und bleibe

Ihr recht ergebener I. Turgenjew

50, rue de Douai, Montag, den 22. Mai 1882

Pietschio carissime!

Eben sagt mir Frau Viardot – Herr v. Voigtländer hätte keinen Frack auf die Reise mitgenommen; nun ist es hier in Paris unmöglich – geschweige zu einer soirée – sogar in gewisse Theater (wie die große Oper oder das théatre français) anders als im Frack zu kommen, besonders für einen Deutschen, besonders für einen Deutschen. – Machen Sie sich keine Illusionen: Der Haß ist hier noch sehr groß. Aber es ist so leicht und so wohlfeil, sich hier den schönsten Frack (und Hosen) zu mieten! – Paul wird Ihnen schon sagen wo. – Ich habe geglaubt, Sie vorwarnen zu müssen.

Auf baldiges Wiedersehen

Ihr I. Turgenjew

(Seine et Oise) Bougival, Les Frênes, den 30. Juli 1882

Mein lieber Freund,

Auf Ihren guten und herzlichen Brief habe Ich folgendes zu antworten. Meine Krankheit hat sich jetzt als chronisch festgesetzt – und wie lange sie sitzen bleiben wird – kann mir kein Arzt sagen. – Leider muß Ich mit ihr sitzen. – Gehen und stehen kann Ich nur eine sehr kurze Zeit – zirka fünf Minuten (und das noch mit einer kleinen Maschine, die mir auf die linke clavicule, wie nennt's man doch auf Deutsch?) – drückt; sonst wird der Schmerz sehr unangenehm. – Auch fühl Ich ein beständiges Zahnweh – Reißen im rechten Schulterblatt, das gewöhnlich nachts sehr heftig wird – und mich zwingt – zu Opium-Einspritzungen meine Zuflucht zu nehmen. – Dabei ist mein Appetit gut – und keine Spur von Fieber. Die Erschütterung des Wagens – ja des Schreibens – kann Ich nur eine kurze Zeit ertragen. – Resultat: an keine Arbeit, an keine Reise ist zu denken – und es kann so jahrelang dauern. Ob das Leben dabei als etwas sehr Wünschenswertes erscheint – überlaß Ich Ihrem Scharfsinn zu entscheiden.

Morgen verläßt uns Marianne mit Mann und Kind; in einigen Tagen Claudie mit Familie. – Sie kommen alle erst in sechs

Wochen wieder zurück; – bis dahin bleiben in Bougival die
Alten allein. – Das Wetter ist immer abscheulich.
Viele Grüße Ihrer ganzen Familie und sonstigen Freunden. –
Ich drücke Ihnen cordialiter die Hand
Ihr I. Turgenjew

(Seine et Oise) Bougival, Les Frênes, Sonntag, den 17. September 1882
Lieber Pietsch,
Ich habe Ihren Brief von Stockholm und habe gleich den Inhalt der Familie Viardot mitgeteilt. – Sie fängt an, sich zu versammeln – die Familie; gestern ist Marianne mit ihrem Mann zurückgekommen; bald kommt Claudie mit ihrer Familie. – Alle sind gesund und wohl; – auch mir geht es etwas besser –- Ich trinke zwölf Glas Milch täglich – was mich leider noch moralischer macht als Ich es von Natur bin! – An eine etwas lebhafte Bewegung des Körpers ist natürlich noch nicht zu denken – Ich bleibe noch immer ein unbewegliches Etwas – „le patriarche des Mollusques." – Nach Paris gehe Ich erst Ende Oktober; was später aus mir wird – weiß der liebe Himmel! – Nach langer Untätigkeit habe Ich eine kurze Novelle geschrieben, die ziemlich toll ist. – Ich habe sie noch für Frau Viardot übersetzt – somit weiß Ich nicht, wie das Ding geraten ist. –

Ich hoffe, es geht Ihnen wohl sowie der ganzen Familie. – Sind Sie noch nicht Großvater geworden?
Viele Grüße allen Freunden und Ihnen einen herzlichen Händedruck.
Ihr I. Turgenjew

(Seine et Oise) Bougival, Les Frênes, Sonntag, den 8. Oktober 1882
Mein lieber Freund,
Meine neue Novelle erscheint in Petersburg, im „Europäischen Boten" – am 1/13. Januar 1883; um dieselbe Zeit erscheint auch in Paris eine französische Übersetzung in der „Nouvelle Revue". – Eine Woche früher – also den 5. Januar werden Sie die französischen Korrekturbogen bekommen; können sich also gleich an

die Übersetzung machen. Das ganze Ding ist ungefähr fünfzig (gedruckte) Seiten lang. – Es hängt ganz von Ihnen ab, was Sie daraus machen wollen. – Ich brauche gar kein Honorar. –

Die ganze Viardotsche Familie ist jetzt hier versammelt; jung und alt, alles ist gesund und lebenslustig. Ich bin auch gesund; – nur daß Ich weder stehen noch gehen noch ausfahren kann – und demnach in eine unbewegliche Auster verwandelt bin. – Da Ich aber keine Schmerzen fühle (unter Bedingung der Immobilität!), auch nachts ziemlich ruhig schlafe – so bin Ich zufrieden. „Heitere Trostlosigkeit" ist mehr als je mein Motto. – Ein alter Kerl wie Ich – was will er mehr? –

Ich bleibe noch hier bis Ende November. – An das Fernere denke Ich gar nicht.

Viel Grüße an Familie und Freunde – Ich drücke Ihnen herzlich die Hand.

Ihr I. Turgenjew

(Seine et Oise) Bougival, Les Frênes, Donnerstag, den 19. Oktober 1882

Mein lieber Freund,

Hier die Antwort auf Ihre Frage – Meine Novelle, deren Titel: „Nach dem Tode" – (nur muß es bis zur Publikation in Rußland ein Geheimnis bleiben) – umfaßt 48 Seiten der „Revue des Deux mondes" – (45 Zeilen in der Seite – 50 Buchstaben in der Zeile). – Richten Sie sich danach. – Die französische Korrektur bekommen Sie hoffentlich am 20. Dezember; vor dem 15. Januar darf die deutsche Übersetzung nicht erscheinen. Das sind alles Conditiones sine qua non – die mir von meinem russischen Herausgeber – auferlegt worden sind – und von deren strenger Haltung die Zahlung des Honorars abhängt. – Also: cave canem!

Ich gratuliere zum „höchst glücklichen" Sommer – und wünsche, daß es mit Ihnen so fortfährt. Die ganze Familie ist wohl und läßt vielmals grüßen.

Mit einem kräftigen Händedruck

Ihr ergebener I. Turgenjew

Paris, 50, Rue de Douai, Freitag, den 8. Dezember 1882

Mein lieber Pietsch,

Hier haben Sie die sehr sorgfältig durchgesehenen Korrekturbogen meiner Novelle. – Sie erscheint in Petersburg und in Paris am 15. Januar. – Sie haben also die nötige Zeit zur Übersetzung. – Die zwei „Conditiones sine qua non" sind: – 1) Die deutsche Übersetzung hat vor dem 15. Januar nicht zu erscheinen. – 2) Von Ihrer Übersetzung sollen Sie nichts mitteilen – weder Titel noch Inhalt usw. Sonst steht die Übersetzung selbst ganz zu Ihrer Disposition. – Das „Berliner Tageblatt" hat darüber nachgefragt. – Ich habe den Herrn an Sie gewendet.

Hier geht alles gut; Duvernoys Oratorium Sardanapal hat einen großen Erfolg gehabt. – Ich kann immer (weder) gehen noch – stehen. Sonst bin Ich gesund. – Viele Grüße an Familie und Freunde. – Ich drücke Ihnen herzlich die Hand.

I. Turgenjew

P. S. – Zeigen Sie mir den Empfang der Korrekturbogen mit einem Wort an.

Paris, 50, Rue de Douai, den 25. Dezember 1882

Mein lieber Pietsch

Sie haben recht, das war ein tüchtiges Versehen mit dem Stereoskop. – Im Original ist es leider jetzt nicht zu verbessern. – In der Übersetzung können Sie es leicht tun. Aratoff, nämlich, anstatt das Ding selbst zu verfertigen, kann es sich bei einem Photographienhändler verschaffen – (Klara als Schauspielerin, hat sich so in Moskau abnehmen lassen – in derselben Positur wie in der Photographie) oder aber die Schwester gibt dem Aratoff ein Stereoskopbild anstatt einer Photographie. – Sie haben, wie man sagt, carte blanche darüber. –

Was die Tagebuchblätter betrifft – so ist es eine lange Geschichte. – Seit vier Jahren – da Ich nichts Größeres oder Längeres schrieb, habe Ich eine ganze Reihe kleiner Gedichte in Prosa (da Ich leider kein Poet bin) auf lose Blätter hingeworfen. – An das Publizieren dachte Ich nie. – Nun bekam mein russischer

Herausgeber irgendeine Notiz davon – und überredete mich – einige fünfzig dieser Senilia (so hieß eigentlich der Titel) ihm für seine Revue – natürlich mit strenger Ausmerzung alles autobiographischen und persönlichen – abzutreten. – Einige dreißig wurden ins Französische mit Hilfe Frau Viardots übersetzt und sind in der „Revue politique et littéraire" hier erschienen. – Ich sehe zugleich, daß die Petersburger Zeitung eine Übersetzung davon liefert. Besonderen Wert habe Ich nie darauf gelegt, auch wenig davon gesprochen. – Diese kleinen Skizzen passen nur für wenige; – für die große Masse – besonders in Rußland – ist es Kaviar. – Wenn Sie es wünschen, kann Ich Ihnen die französische Übersetzung zuschicken – die wenigstens sehr exakt ist. Eigentlich sind diese Dinger nichts anderes als die letzten Stoßseufzer (um höflich zu sprechen) eines alten Manns.

Mit mir ist es noch immer die alte Geschichte – ein bißchen schlimmer nur seit einigen Tagen. – Es tut mir leid, daß auch Sie, der Jugendstrahlende, in den sauren Apfel des Alters beißen müssen. – Aber Ihr Familienglück gönne Ich Ihnen von ganzem Herzen.

Allen den Meinigen geht es hier gut: und das ist die Hauptsache. – Viele Grüße und Glückwünschungen zu Neujahr! Ich drücke Ihnen die Hand. Leben Sie wohl! –

Ihr I. Turgenjew

Paris, den 23. Februar 1883, 50, rue de Douai
Lieber Pietsch!

Meine alte Krankheit ist schlimmer als je; ich kann nicht mal selbst schreiben. Die Operation, obschon schmerzhaft, hat nichts damit zu tun. Kein Geschwür aus den Eingeweiden, sondern ein Geschwulst (Nevrom) aus dem Unterleib hat man mir herausgerissen, wo mich jetzt eine schöne, 16 cm lange Narbe ziert. Aber mein altes Übel, der nervöse Brustkrampf, steht in vollster Blüte. Die Schmerzen sind beständig. Ich kann weder gehen noch stehen noch fahren noch schlafen oder schreiben. Eine schöne Aussicht!

Es tut mir herzlich leid, daß auch Sie sich mit einem Gebresten (Fräulein Arnholt behauptet zwar, daß dieses Wort nicht im Deutschen existiert) sich zu plagen haben. Im Alter fühlt man den Dorn der Rose, die man in der Jugend gepflückt oder nicht gepflückt hat. Geduld! rufe Ich Ihnen zu, wie Ich es mir selbst zurufe. Ein bitteres Kraut, das ebensowenig heilt wie die übrigen Medikamente.

Was meine „Dichtungen in Prose" betrifft, so ist eine Übersetzung davon von W. Henkel in Leipzig bei Dunker unter dem Titel „Senilia" erschienen. – Die Übersetzung ist ziemlich treu, natürlich nicht ohne die unvermeidlichen Schnitzer. Gleich auf der ersten Seite „wiehern" die Pferde anstatt zu „schnauben" usw. – aber wie gesagt, das ist unvermeidlich.

Sie hätten mir doch ein Exemplar Ihrer Übersetzung des „Nach dem Tode" schicken sollen; doch ist es auch so gut.

Daß Dohm gestorben ist, tut mir leid. Daß Wagner sich bei dem ersten Anfalle einer unheilbaren Krankheit aus dem Staube gemacht hat, beweist nur sein beständiges Glück. Ich kenne Leute, die ihn beneiden.

Der ganzen hiesigen Familie geht es, Gott sei Dank! gut, das ist die Hauptsache.

Grüßen Sie Familie und Freunde und genesen Sie bald – Ich drücke Ihnen die Hand

Ihr I. Turgenjew

P. S. Herr Turgenjew hat mich gezwungen, die Parenthese über „Gebreste" einzufügen, weil ich ihm sagte, ich kenne dies Wort nicht.

Freundlichen Gruß G. Arnholt

Les Frênes, 8. Septembre 83

Ach, mon ami, c'est trop, c'est trop de douleur à la fois dans un même coeur! et je ne comprends pas comment le mien n'a pas encore éclaté! Notre ami bienaimé avait totalement perdu connaissance presque deux jours avant la fin. Il n'a pas souffert – la vie s'est arrêtée lentement, après deux hoquets – nous étions tous là – il a fini comme mon cher Louis, sans en avoir la conscience.

Il est redevenu beau, avec le calme majestueux de la mort. Le premier jour les contractions de la douleur avaient laissé un froncement dans les sourcils qui, avec l'immobilité, lui donnait un air sévère et energique! Le second jour il avait repris son air doux et bon – par moments on aurait dit qu'il allait sourire... Mon Dieu, quelle douleur!

Il a été moulé et photographié – je vous enverrai un épreuve du portrait s'il a bien réussi.

La cérémonie religieuse a eu lieu hier à l'Eglise russe. Il y avait beaucoup de curieux et peu d'amis, toute la société étant absente de Paris. On transportera le corps en Russie dans quelques jours. Il a exprimé le désir d'être enterré en Russie auprès de son ami Belinsky.

Les médecins pensaient que l'état du malade pouvait encore se prolonger – c'est l'arrêt presque subit du coeur qui en quelques minutes a amené la fin.

Plaignez moi, mon cher ami, et gardez moi toute votre amitié, j'ai bien besoin de me sentir soutenue par l'affection de mes amis.

Pauline Viardot

C'est moi qui vous ai envoyé le télégramme.

Il a quinze jours j'ai perdu mon cher neveu Manuel. J'ai du deuil à présent pour le reste de ma vie!

23. Sept. 83, Les Frèncs

Mein teurer Freund,

Sind Sie noch immer in Wiesbaden? ich hoffe, daß Sie jetzt in Berlin zurück sind, denn in wenigen Tagen wird die Leiche des unvergeßlichen Freundes nach Rußland über Berlin getragen werden; Meine lieben Söhne Georg und Alphonse werden sie in Berlin empfangen, und von Königsberg bis Petersburg begleiten. Es wäre mir lieb, wenn Sie in Berlin wären, und die paar Tage die sie dort verleben werden, ein wenig herum pilotieren könnten. Ich werde Ihnen vorher telegraphieren.

Ach, mein Freund, wie schwer wird mir das Leben! Ich komme mir wie ein Sandkorn ins Meer vor! Bin so einsam, so traurig, so unglücklich! so unendlich allein! Meine Kinder sind so gut, so liebevoll mit mir, daß ich mich furchtbar zwingen muß meinen Kummer ihnen zu verbergen und das tut sehr weh – ich sehne mich nach der Einsamkeit mit meinem lieben Toten – und wenn ich recht allein bin, dann gebe ich mich der allerschmerzlichsten Süßigkeit der Erinnerung hin – und das tut auch furchtbar weh! aber dann bin ich Ich, da fühle ich, wie ich von meinen Lieben noch in's Leben zurückgehalten bin! ich kann Nichts tun – ich nehme ein Buch und weiß nicht, was ich lese, ich kann nicht komponieren, die Ideen sind verschwunden, es interessiert mich nichts – ich möchte meine alte bekannte Gesichter sehen – und nur diese – keine junge glückliche. Wenn Sie später Gelegenheit haben, nach Paris zu kommen, versäumen Sie ja nicht, Ihre arme traurige Freundin zu besuchen.

Es werden große Vorbereitungen in Rußland gemacht, Turgenef würdig zu empfangen. Sie sollten die Reise mit meinen Söhnen machen. Wo soll ich diesen Brief schicken? jedenfalls nach Berlin.

Adieu, mein Freund – vergessen Sie mich nicht.

Pauline Viardot

RÄTSELSPIELE

1., 20. Juillet 1863.

1) Mit mehr Bildung, als er erworben hat, großer Heldenschauspieler; bei etwaigen Volksaufständen gefährlicher Redner, mit fast poetischer Begeisterung und ebenso viel brutaler Roheit.

2) notaire – fier – désagréable, dans sa vie ordinaire ni soigné ni soigneux, il mange et boit beaucoup.

3) Anglais – homme de travail, sanguin, vigoureux, beaucoup d'animal spirits, intelligent dans son métier, hardi, boit, mange et dort ferme – a une femme palotte et maladive – et 8 enfants qui lui ressemblent et fait un tapage du diable. A le front très blanc, les joues roses – n'a jamais porté de gants et transpire beaucoup.

4) Homme passioné – brutal, – peut-être bon orateur. Il a été boucher.

2., 20. Juillet 1863.

1) Alter Schulmeister, spielt etwas Geige, hat entweder nie heiraten können, oder einen ältern Drachen gehabt, keine Kinder; kümmerlich verlegen, gedrückt, aber freundlich und gutmütig und geizig.

2) méchant – sale – avare
intelligent – instruction
vieux savant.

3) Figure d'avare – mesquin en toutes choses – égoiste – C'est un usurier, quelque soit son état. Il vit seul, parce qu'on le fuit. Soupçonneux – mauvais – vilain homme.

4) Maître d'école ou sacristain, devenu idiot à force de misère. – A eu trop et trop longtemps faim dans sa vie. – Cette même misère s'est opposée à la manifestation d'assez viles passions qui se trouvent en lui. – Avare et débauché – envieux et indiscret. – Aime les belles cérémonies et les messes avec archevêque.

3., 20. Juillet 1863.

1) Employé – un peu bête, prend du tabac – boit.

———

2) Très brave homme. Un peu borné mais d'un caractère charmant. Galantin adorant les femmes, les ennuyant souvent par ses assiduités. Il pourrait être acteur comique, médiocre, mais il est peut-être un digne négociant. Il porte un toupet. Il transpire beaucoup, surtout sous la bouche – Sa voix est pleine de conacs. Célibataire. Comun de manières, tout en voulant avoir le meilleur ton. En somme, très heureux – très aimé.

3) Wahrscheinlich Materialwarenhändler, gutmütig und von sehr beschränktem Gesichtskreis. Dabei aber im Geschäft pfiffig; seine Kinder folgen ihm im Geschäft oder treten in eine Posamentierwaren-Handlung als Lehrlinge.

4) Ancien coiffeur ou choriste. – Assez bon homme quoique ridicule, bavarel, solennel – prend du tabac, a des dents affreuses et a ou aura la goutte – parle gras – est quelquefois assez drôle.

ANMERKUNGEN

S. 19. Turgenjew wechselt sehr oft in diesen Briefen die Schreibweise seines Namens: in den ersten Zeiten Turgeneff oder Turgèneff, später Turgenjew oder Turgènjew; häufig auch abgekürzt. Der Einfachheit halber ist die heute in Deutschland übliche Schreibung „Turgenjew" gewählt worden.

Herbe, bittere Verlust: L. P.s jüngste Tochter Hedwig war an der Diphtheritis gestorben.

S. 20. Louise: Frau Viardots älteste Tochter, vermählt mit dem Generalkonsul Héritte, eine Ehe, die sich später sehr unglücklich gestaltete.

Russische Angelegenheit: wohl die Ermittelung der Mutter seiner Tochter, um in den Besitz von deren zum Abschluß ihrer Ehe benötigten Taufschein zu gelangen.

S. 21. Frau Anstett: Turgenjews Hauswirtin in Baden.

S. 22. Konewka: Der bekannte, bis heute unerreichte Silhouettenschneider und -zeichner.

Bodenstedtsche Übersetzung: Der Erzählungen T.s (Bd. 1; 1864).

Das Haus Turgenjews in Baden-Baden: Tiergartenstraße 3, in das er im April 1868 einzog.

S. 23. T.s Tochter: unehelicher Abkunft, heiratete 1865 Mr. Bruère.

S. 24. Kossak, Ernst: Berliner Kritiker und Feuilletonist.

Benazet: Pächter des Spielsalons in Baden.

S. 25. Aglaia: Orgeny, Schülerin von Frau Viardot, Primadonna an der Berliner Oper, später Gesanglehrerin in Dresden.

Frl. v. Pöllnitz: ebenfalls Schülerin von Frau Viardot.

S. 26. Cornelie Meyerbeer: Tochter Meyerbeers, seit 1866 mit dem Maler Gustav Richter verheiratet.

S. 29. Hetzel: Pariser Verleger Turgenjews.

S. 33. Deconei, (?) Marie Schroeder, Schülerinnen der Viardot, letztere später als Frau Schroeder-Hanfstängl gefeierte Sängerin an den Opern in Stuttgart und Frankfurt.

Geschichte in Petersburg: Attentat auf Alexander II., der seit 1855 regierte.

Kleinere Novelle: Wohl „Das Abenteuer des Lieutnants Yergunow".

S. 34. Röder: Leiter der Berliner Oper.

S. 41. Erzählungen: in der Bodenstedtschen Übersetzung (München 1864/65).

S. 42. J. Schmidt: Julian Schmidt, der bekannte, von Lassalle so heftig befehdete Literaturhistoriker, intimer Freund Turgenjews.

S. 43. Didie: zweite Tochter Frau Viardots, Turgenjews besonderer Liebling, wahrscheinlich seine Tochter.

Désirée: Désirée Artôt; die große, später in Berlin und Paris wirkende belgische Sängerin.

S. 44. Lesnard: Figur aus einem der Singspiele.

Abeken: vortragender Rat im preußischen Ministerium des Äußeren, gehörte meist zum Gefolge König Wilhelms.

S. 45. Die beiden Bände: Aus Welt und Kunst. (1866).

S. 48. Paul de St. Victor: französischer Feuilletonist, berühmt wegen seines blendenden Stils.

Stahr: Berliner Schriftsteller, Gatte Fanny Lewalds.

S. 52. Le dernier sorcier: „Der letzte Zauberer", Operette von Frau Viardot nach einem Text von Turgenjew.

Lessing: Karl Friedrich, Landschafts- und Historienmaler, zuerst in Düsseldorf, dann in Karlsruhe, dessen Kunst T. ziemlich niedrig wertete.

Eckert, Carl: Hofkapellmeister in Berlin, mit T. und Frau Viardot befreundet.

Lieutenant: Das Abenteuer des Lieutenants Yergunow, Novelle T.s, erschienen 1867.

S. 55. Eckart, vielleicht Jul. v. Eckardt, früher Herausgeber der Rigaschen Zeitung, 1867/70 mit Gustav Freytag Herausgeber der Grenzboten.

Charley: nicht zu identifizieren.

Zwischen Mitleiden und Spott schwankt: Dieser Satz ist von L. P. durchstrichen und mit einem Ausrufungszeichen versehen, weil er gerade Désirée Artôt als Mensch und als Künstlerin aufs höchste verehrte. —

S. 57. Pohl, Richard: Musikschriftsteller, Redakteur des Badeblattes in Baden-Baden.

Marianne: dritte Tochter Frau Viardots, später Musikschriftstellerin und Konzertsängerin.

S. 58. Frl. Busse: später Gattin des Großindustriellen Rütgers.

Cauer: wohl Karl C. Cauer, aus der bekannten Kreuznacher Bildhauerfamilie.

S. 61. Riefstahl, Wilhelm: Berliner Landschafts-, vor allem Hochgebirgsmaler.

Woltmann, Alfred: Kunsthistoriker, damals Professor am Polytechnikum zu Karlsruhe.

Novelle: „Eine Unglückliche", zuerst erschienen im „Russischen Boten" 1868.

S. 62. Kawelin, Annenkoff, Khanikoff: russische Freunde Turgenjews.
Novelle: s. o. S. 61.
S. 63. Die Unterredung — unmoralisch: Der Satz ist von L. P. oder T. selbst gestrichen.
Der erste Satz des Briefes mittels Durchstreichens unlesbar gemacht.
S. 64. Oder pour le roi de Prusse: von T. durchstrichen.
Bazaroff, Frau Otintroff: Figuren aus dem Roman „Väter und Söhne".
S. 67. Breslauer Zeitung: von L. P. am Rand in „Schlesische" korrigiert.
S. 68. Lassen, Eduard: Hofkapellmeister in Weimar, Komponist.
Der Satz: Aber — zugrunde ginge: von T. gestrichen.
Virchows Rede — vielleicht die bei der Justizdebatte am 1. Dez. 1868 gehaltene.
S. 71. Der Abschnitt: „Der Berserker" — „zahlen" umrahmt und durchstrichen.
Reise: nach Athen und Konstantinopel.
S. 72. „Erinnerungen" — an Bielinski, den großen russischen Kritiker, im Aprilheft des „Europäischen Boten".
Krankheit: dazu Bemerkung L. P.s am Rande: täuscht sich.
S. 73. 50 Taler: von L. P. korrigiert in „Honorar".
Der erste Abschnitt: „Das Stummwerden — Tun" umrandet und gestrichen.
„Septemberabend" — wohl Titel eines Artikels von L. P.
S. 74. „Nouvelles moscovites": französische Übersetzung von T.s Erzählungen.
S. 75. Spucknapf: vgl. darüber die Briefe Turgenjews an seine russischen Freunde I, S. 142 ff. — Die Erinnerungen an Bielinski hatten einen allgemeinen Sturm in Rußland erregt.
S. 75f. Die Stangenschen Feuilletons: über die mit einer Stangenschen Reisegesellschaft im Auftrage der Vossischen und der Schlesischen Zeitung angetretene Reise nach Athen und Konstantinopel; 1870 zusammengefaßt zu einem Buch: Orientfahrten.
S. 76. Frau Pietsch: Marie, L. P.s Gattin; L. P. selbst war zur Eröffnung des Suezkanals nach Ägypten gereist.
S. 80. Alte Devrient: Eduard, 1852/1870 Direktor des Hoftheaters zu Karlsruhe.
S. 83. Verlat: belgischer Szenenmaler, 1824—1890.
Lewald: Rechtsanwalt; s. S. 84, Brief vom 26. Februar 1870.
S. 84. Dohm, Ernst: Herausgeber des Kladderadatsch.
S. 86. Zeug: von L. P. am Rande hinzugefügt: König Lear der Steppe.
S. 87. Raff, Joachim: Komponist, später in Frankfurt Direktor des Konservatoriums.

S. 87. „Zauberer": le dernier sorcier, die oben S. 52 genannte kleine Oper, die, wie es scheint, an der Berliner Hofoper aufgeführt werden sollte.

S. 88. Der arme Viardot: Der Gatte Frau Viardots, Direktor des Italienischen Theaters in Paris, später Kunstschriftsteller.

Müller-Strübing: Freund Turgenjews, von seinem Berliner Aufenthalt in den 40er Jahren her. Ihm verdankte L. P. die Bekanntschaft mit Turgenjew. Siehe „Wie ich Schriftsteller geworden bin", Bd. I, S. 199 ff.

S. 92. Kathi: Frau Eckert, Gattin des S. 52 erwähnten Hofkapellmeisters.

Luccas Gemahl: Baron von Rhaden, mit dem die Künstlerin seit 1865 verheiratet war.

S. 93. Toc-toc: Novelle Turgenjews.

S. 94. Micawber: Figur aus Dickens' Roman David Copperfield.

S. 98. Schiller-Denkmal: von Reinhold Begas, 1871 enthüllt.

Novelle: Frühlingsfluten, von L. P. am Rande hinzugefügt.

S. 101. Jüngstes Kind: die Novelle „Frühlingsfluten".

S. 102. Lerchentrillernde Novelle: die gleiche.

S. 103. Regnault: französischer Historienmaler.

S. 104. Padilla: Gatte Désirée Artôts, berühmter Opernbariton.

S. 105. Letzte Novelle: „Frühlingsfluten".

Sphynx in der Ermitage: berühmtes Tongefäß im sogenannten „Saal von Kertsch" des Museums.

S. 106. Der Schluß des Briefes fehlt.

S. 107. Pohl: s. o. S. 57.

Paul: Sohn Pauline Viardots, bedeutender Geiger und Musikschriftsteller.

Cornelie Richter: s. o. S. 26.

Neue Novelle: „Un gentilhomme de la steppe" (aus dem „Tagebuch eines Jägers").

S. 108. Einzelnen: gemeint ist natürlich „einzigen".

S. 111. Frau von Wertheimstein und Frau Hartmann: führende Damen der Wiener Gesellschaft, letztere wohl die Gattin Moritz', Mutter Ludo Hartmanns.

S. 112. Graf Stragenof: russischer Diplomat.

Tochter: Marie Pietsch, heiratete den Maler Rudolf von Voigtländer.

Lübke: Der bekannte Kunsthistoriker.

S. 115. Cauerschen Bildwerken: s. o. S. 58.

S. 116. Diaz: französischer Landschaftsmaler aus der Schule von Barbizon.

Mündlich: es handelt sich in erster Linie wohl um die Ordnung finanzieller Angelegenheiten.

S. 117. Manuel: Garcia, Bruder Frau Viardots, berühmter Sänger und Gesanglehrer.

S. 118. „Reliques vivantes": Fragment aus den Memoiren eines Jägers, erschien zuerst in der „Kollekte" für die von Hungersnot betroffenen Bewohner von Samara.

S. 121. Die lebendige Reliquie: s. vorige Anmerkung.

S. 122. Meurer: vielleicht der Berliner, später in Rom lebende Maler und Lehrer an der Berliner Kunstgewerbeschule.

S. 123. Gierembski: wohl Gierymski, polnischer Maler, gestorben 16. Sept. 1874 in Reichenhall.

Récits d'un chasseur — Skizzen: Die bekannten, damals erst gesammelten Meisternovellen Turgenjews.

S. 124. Stormsche Novelle: „Waldwinkel", erschienen in der „Deutschen Rundschau", Okt. 1874.

Harlamoff: sonst meist Charlamoff geschrieben, russischer, in Paris lebender, von Turgenjew sehr hoch geschätzter Maler.

Tchertapkhanoffs Ende: aus den „Memoiren eines Jägers".

S. 132. Louise: Frau Héritte, Frau Viardots älteste Tochter.

S. 133. Ein sehr kleines Ding: Die Novelle „Die Uhr".

S. 134. Krieg: zwischen Rußland und der Türkei.

Mannhardt: Forscher in der deutschen Sagengeschichte.

S. 138. Erzählung: wohl „Der Schmied Wakula".

Roman: Neuland (1877).

S. 139. Frl. Gerster: Etelka, Schülerin Frau Viardots, nach kurzer Wirksamkeit an der Oper berühmte Gesanglehrerin in Berlin.

Frl. Busse: s. o. S. 58.

S. 140. Sie wissen wohl warum: wegen des Verlaufs des russisch-türkischen Kriegs, von dem T. das Schlimmste für Rußland befürchtete.

Ihr Buch: Marokko (Leipzig 1878).

S. 141. Julius Eckardt: s. S. 55.

„Traum": Von T.s wundersamen Träumen hat L. P. im engeren Kreise oft erzählt; auch in T.s Werken spielen Träume bekanntlich eine große Rolle.

S. 142. Luisens Oper: Lindoro, in Weimar aufgeführt.

S. 143. Lassen: Komponist, damals Hofkapellmeister in Weimar.

Pain d'autrui: Das Drama T.s wurde von L. P. und seiner Tochter Jenny unter dem Titel „Das Gnadenbrot" tatsächlich ins Deutsche übersetzt und an vielen Bühnen aufgeführt.

S. 144. Erklärung: zu „Neuland".

Dreiackerwirtschaft: in der deutschen Literatur „Dreifelderwirtschaft" genannt, in Deutschland bis zum 19. Jahrhundert ebenfalls die übliche Bewirtschaftungsform, bis sie von der auf wissenschaftlicher Basis ruhenden Fruchtwechselwirtschaft abgelöst wurde.

S. 148. Dernburg: Feuilletonredakteur der Berliner Nationalzeitung, Vater des späteren Kolonialministers.

S. 148. Phantastische Novelle: Das Lied der triumphierenden Liebe (Nationalzeitung, Nov. 1881).

Tolstois Roman: wohl (wegen der folgenden Bezeichnung „Epos") Krieg und Frieden.

S. 152. Byr, Robert: Romanschriftsteller und Feuilletonist.

S. 153. Heiliger (?): Das Wort ist nicht mit Sicherheit zu entziffern.

S. 154. Herr v. Voigtländer: Gatte der jüngsten Tochter von L. P. Marie (s. o. S. 112).

S. 155. Kurze Novelle: „Nach dem Tode".

S. 157. Duvernoy, Victor Alphonse, schrieb mehrere Opern, Oratorien usw. Carte blanche darüber: es handelt sich um die Übersetzung der Novelle „Nach dem Tode" durch L. P., der für solche kleine Versehen ein sehr scharfes Auge hatte.

S. 158. Dieser letzte Brief ist von Turgenjews Sekretärin geschrieben, mit Ausnahme der Unterschrift: Ihr I.-T. — T. starb am 3. September 1883 in Bougival.

S. 159. Wagner: Richard W. starb am 13. Februar 1883.

S. 165 ff. Es galt bei diesen Rätselspielen, aus einem von einem der Teilnehmer, meist, wie es scheint, Turgenjew selbst, gezeichneten Kopf Charakter und Lebensumstände des Menschen zu erschließen. Die Ratenden waren L. P. (deutsch), Turgenjew, Frau Viardot und wohl eine der Töchter oder Désirée Artôt (französisch).

# VERZEICHNIS DER ABBILDUNGEN

nach Bleistiftzeichnungen von Ludwig Pietsch

Turgenjew vorlesend. 20. 7. 67 4
Pauline Viardot. 27. 8. 64 11
Abendunterhaltung im Hause Viardot (im Vordergrunde Turgenjew).
1865 27
Marianne Viardot. 1866 31
Pauline Viardot. 10. 8. 64 35
Tochter der Pauline Viardot (?). 2. 8. 64 39
Villa Viardot in Baden-Baden. 1867 45
Maria Burd, Schülerin der Pauline Viardot. September 1867 49
Turgenjew als „Oger" in einem Singspiel von Pauline Viardot. 6. 9. 68 53
Marianne Viardot. 23. 8. 67 59
Lohengrin - Vorstellung in Baden-Baden (im Vordergrunde rechts
Wilhelm I. von Preußen). 5. 9. 68 65
Désirée Artôt. 19. 6. 68 69
Musikalische Matinee im Hause Viardot (Frau Viardot am Flügel).
September 1867 77
Désirée Artôt. 17. 8. 68 81
Turgenjew als Bézyguespieler. 11. 7. 64 89
Blick aus Turgenjews Haus in Baden-Baden. August 1867 95
Tochter der Pauline Viardot (wohl Marianne). 17. 10. 70 99
Claudia Viardot. 15. 10. 70 113
Turgenjew vorlesend. 20. 7. 67 119
Turgenjew. 17. 7. 67 125
Turgenjew. Mai 1871 135
Ludwig Pietsch. Radierung von Herkomer. 1891 149
Rätselspiele 165, 166, 167